영화가
뿌리친
정치사상

영화의 정치지평을 열어준 다섯 작품을 통해 이데올로기를 들여다본다

〈한나 아렌트〉〈필름 소셜리즘〉〈클린스킨〉〈천국을 향하여〉〈코스모폴리스〉

영화가 뿌리친 정치사상

정치교육의 새로운 방법을 찾다

박종성 지음

인간사랑

머리글

이 책은 영화의 정치사상적 빈곤을 다룬다. 이를 위한 새로운 영화제작과 사회과학적 탐구의 필요도 말하려 한다. 많지는 않아도 이를 무릅쓴 대표 작품들을 면밀히 분석하고 부족함 속의 풍요와 '덜함Scarcity'의 반어법적 의미도 따질 것이다. 새삼스럽지만 정치교육의 새로운 '방법'을 찾고 영화의 사회적 지평 확장을 위해 이는 진작 했어야 할 작업이었다.

돌이켜보면 영화는 정치사상에 관심을 두지 않았다. 영화는 주로 장사될법한 인물들에만 선별적 관심을 보여 왔다. '히로히토'나 '히틀러'는 다룰망정, '레닌'이나 '루소'는 안중에도 없었으니까. 게다가 영화는 왜 '혁명가'의 삶에 초연했을까. '사상가'는 도무지 오늘의 세계영화 어디쯤 자리하는 걸까. 세상의 영화주류가 이제껏 '마르크스'의 삶에 주목했다든지, 혹은 아시아 필름이 '모택동'이나 '전봉준' 같은 존재에 깊은 애정을 퍼부었다는 얘길 들어본 적 없는 우리다. 기껏해야 인물 좋고 대중적 인기를 동원한 '체 게바라' 정도다. 이 역시 그의 사상과 행적 때문이라기보다 스마트한 외모가 주는 시각적 매력이나 그 표피적 감동 때문이었다면 지나친 해석일까.

여기서 눈여겨보려는 이데올로기는 '전체주의'와 '자본주의', '사회주의'다. 그 위에 이슬람의 '원리주의'도 겹쳐보려 한다. 오늘의 사회경제적 고통이 숙성된 상황과 정치사상의 씨앗을 찾자면 논의의 기본 축은 여기서부터 세워야하기 때문이다. 하지만 이 작업을 이제 다시 새롭게 글로 구상하기란 버거울 뿐 아니라 효과적이지 않다. 동어반복을 무릅써야 할 이유는 없으니까.

인간이 헤쳐 나온 역사를 '이해하는' 일과 이를 '가르치는' 과업은 다르다. 뿐만 아니라 정치를 가르치고 역사를 옳게 헤아리자면 미디어 발굴은 필수다. 근대 이후 문명권의 이데올로기 수용과 경험적 변용이 영화 속에서 어떻게 구현되는지 살펴보는 일은 그래서 더욱 중요하다. 잘 만든 영화 하나가 역사를 감동적으로 전하거나 우리를 더 초라하게 만들며 때로 처참하게 해주기 때문이다. 하지만 통계의 절대 값보다 더 중요한 건 영화매체가 지니는 감각적 파급력, 즉 미디어에 내재된 정치적 즉발성과 폭발력에 있다.

'영화'가 시대를 대표하는 유일한 미디어라고 우기긴 어렵다. 만들어진 지 한 세기가 넘은데다 영화 말고도 사람들 눈길 사로잡는 것들은 지천이니 말이다. 하지만 이미 '홀려있는' 사람들 다시 홀리기론

이만한 것도 없다. '극장'이란 단어야 '멀티플렉스'보다 촌스럽거나 아예 쓰려들지 않는 예스러운 표현이지만 '영화'를 대신하는 콘셉트들은 이제 어지러울 정도다. '무비'와 '시네마'가 다르며 '필름'이란 용어 또한 쓰임새는 모두 같지 않다고 여기는 세상이니까.

어디 그뿐이랴. 넘쳐나는 동영상 곁에서 사람들은 영화의 일상성조차 자각 못할 지경이다. 아쉽고 모자라야 간절한 법은 이제 통하지도 않는다. 영상의 시대로 접어드니 '글'은 읽기 버겁고 쓰거나 떠올리는 일 역시 내키지 않는 '노동'이 된지 오래다. '그림'이 '말'에 앞서는 게 전혀 이상하지 않은 세상 아닌가. 온갖 '편리함'이 지극한 '당연함'으로 대체되는 삶도 때로는 부담스럽다. 예전의 귀찮음이나 기억의 센티멘털리즘이 성가셔서 만은 아니다. '없이' 살았던 시절을 떠올려본들 돌아갈 재간도 없지만 밀려드는 오늘의 불만이 하도 희한해서다. 갖추려면 다 갖춰야 직성 풀리는 동물의 이름도 그러니 '사람' 아니던가.

욕망이란 게 꼭 샘솟는 화수분 같았다. 느닷없는 영화의 출현을 고마워할 겨를조차 없이 영화로도 담지 못할 '것'들이 버겁도록 넘쳐나던 세월을 이름 하여 20세기라 부르던 때도 있긴 있었다. 민주주의라는 이름의 낡은 트렁크 안에 그렇게도 많은 것들이 담길 수 있는지 아연실색했듯, 무엇이든 담을 만큼 영화는 거대한 능력과 현란한 테크닉을 잘도 숨기고 있었다. 두 시간 남짓, 현실과 허구의 틈새에서

'있음직한' 나날들과 '있던' 일들을 마구 섞음으로써 '당신'이라면 그 때 어떻게 행동했을 것인지 영화는 고문처럼 옥죄며 묻는다. 고상하게 바꿔, '애즈 이프As if'.

누군가 작정하고 가르치려 들자면 영화만큼 우회적이거나 흥미로운 텍스트도 없을 것이다. 그처럼 영락없이 동일시하게 만드는 경우는 흔치 않으니 말이다. 반대의 경우도 허다하다. 저건 그 남자 그 여자 얘기지 내 얘긴 아니란 사실이 엄연하다면 말이다. 하지만 스토리텔링의 그물망이 어느덧 촘촘하니 우리 몸 전체를 옭아 맬 때 얘긴 달라진다. 도망갈 여유 같은 건 아예 없어지는 게 '삶'이니까.

벗어나려 버둥대 봤자 그물 안에서 퍼덕이는 은빛 고등어신세가 되는 이치도 인간의 초라한 특권이 된지 오래다. 그래서 흥미롭고 그로써 처연하며 그 때문에 기다려지는 것도 영화가 심어놓은 세상의 함정이자 지뢰일 터다. 자식이 부모를 골라 태어날 수 없듯, 하필 혹독한 시대를 관통해야 하거나 버티기 힘든 역사를 헤쳐야 하는 인간의 운명이란 그 자체로 드라마다. 영화로 담으면 곧 잊었던 현실이 된다. 하기야 어느 날 하루든, 하릴없이 쾌적하고 편안키만 한 인간의 삶이었을까.

영화가 정치가 되는 순간도 이때다. 정색하고 가르치려들면 영화는 지겨운 텍스트가 되겠지만, 보는 동안 물들고 보고나서 어느덧 달라지는 자신을 발견한다면 영화는 이미 '권력'이다. 인간을 그럴듯하게 괴롭히는 도구가 된 것도 냉정히 따지면 처음부터 영화가 의도한 건 아니었을 터다. 마찬가지로 마르크스의 삶을 치밀하게 담은 영화가 있다면 그것은 여느 사회주의 연설문이나 혁명가의 가슴 속 피멍울보다 진한 '떨림'으로 다가갈 것이다. 감독과 관객의 거리도 녹여 없애면서.

어디 굳이 마르크스만 다뤄야 인간의 가슴 치는 감동이겠는가. 난삽하고 추상적이라 말들 하며 한결같이 꺼리지만 정교히 녹이고 살뜰히 그리자면 칸트나 헤겔이라고 왜 반드시 어렵기만 하겠는가. 세상을 향해 자신의 주장을 드높이고 청중을 불러 모으며 꽤 오래도록 모두를 사로잡던 목소리라면, 그것은 다시 들추고 새롭게 기억해야 할 '극적 타당성the dramatic relevances'을 지닌다. 복음의 지평이 한사코 예수에 의해서만 열린다고 믿는 것 또한 인간이 저지르는 또 다른 독선 아닐까.

정리하자. '사람'이 '사람'을 향해 말하고 우기며 부르짖다 못해 제 스스로 신의 시늉마저 무릅쓰는 동안, '만들고' '부수며' 다시 '세운' 말씀의 왕국이란 것들이 흐드러지게 넘쳐나던 세상이 곧 '여기'였다고. 영영 사라질 리 없는 듯 시대를 호령하였으나 지금은 초라하니 소멸한 역사는 그대로 놔둘 일이라고. 이제는 아예 없었던 듯 잡아떼고 외면해 버리기 전, 시대변화를 이끈 장본인들의 목소리를 있는 그대로 재현할 일이라고.

이름하여 '사상'이라는 것. 특히 '정치사상'이란 어휘가 지니는 고도의 휘발성volatility을 천착하자면 이내 그 주변에 부딪치는 고통스런 단어들일랑 한둘이 아닐 터였다. 독선·고집·편견·맹신·일방 설득·감정이입·폭력성·배타주의…. 영원한 것은 존재하지 않는다고 믿거나 흔히 그 같은 믿음에 고스란히 매몰되고픈 욕망을 계몽하는 건 굳이 티내야 할 일도 아니었음을 누군들 몰랐을까.

한 시대를 풍미하다 흔적 없이 사라진 '이데올로기'하며, 저 혼자 절절히 느낄 쾌감으로 온몸 저리게 누린 욕망의 '육신'은 닮아도 퍽 닮아 있다. 헤일 수 없는 이파리들 달고 제 몸 지탱하는 한 그루 나무나 엽록소 하나로 자연의 '기운'을 설명하려는 방법론적 무모함이나 결국은 하나임을 모르지 않는 우리니 말이다. 모두를 한쪽으로 이끌겠다며 부르짖는 인간의 허망한 욕구와 후회하고 번뇌해도 한사코 '그리' 저지르는 사람의 일이란 게 어디 큰 차이가 나랴.

'영화'와 '사상'이 닮은 이치도 마찬가지일 것이다. 둘 다 덧없고 부질없다는 점에서 서로는 서로를 비추는 거울일 테니까. 둘은 그래서 태생적 유사성을 공유한다. 시기야 다르지만 둘이 닮을 수밖에 없는 이유는 흥미롭다. 둘 사이의 막연한 비슷함보다 정작 '거울 같은' 관계 때문이다. 그걸 영화의 '사상성'과 사상의 '영화성'이라 표현하면 어떨까.

그들은 단순한 대칭성을 넘어선다. 언어의 단순 유희가 아니라 개념의 대칭성에 깃든 가치의 내역들은 의외로 치열하다. 하지만 문제는 서로의 거리였다. 왜 서로는 정작 서로를 밀쳐내고 있었던 걸까. 서로는 서로를 비추기만 하였을 뿐 어쩌자고 다가서지 않았을까. 이쯤에서 과녁을 또렷이 하자. 영화의 사상성이란 곧 영화언어의 '자기주장'을 뜻할 것이다. 일상 언어에 의존하는 인문학과 달리 영화는 자기언어로 말을 대신한다. 관객이 몇이든 빛과 소리로 말을 대신하는 영화는 일정시간 제 말만 토하고 반복하며 무한 '재생·재현' 하는 매체로 세상에 유통된다.

스스로 고쳐지길 바라거나 저절로 변형되길 기대조차 할 수 없다는 점에서 영화는 한번 만들어지면 요지부동이다. 영화의 사상성 또한 그만큼 배타적이다. 사상, 특히 정치사상의 독립성은 극적인 목적가치를 늘 전제한다. '자유'와 '평등'은 너무 흔한 콘셉트이고 무국가와 무계급사회 또한 예외가 아닐 것이다. 하지만 한 번도 실현된 적 없는 꿈을 꾸고 있다는 점에서 이데올로기가 유토피아에 다다르는 이정표가 된다는 사실이야말로 이름 날린 이론가들의 전유물로만 남을 수는 없지 않을까.

모든 영화가 비현실적인 '내일의 꿈'만 그리고 있진 않았다. 하지만 희망과 행복으로 넘쳐나는 세상을 기획하고 당장에라도 이룩될 것 같은 착각에 빠트리기론 영화만한 것도 없었다. 둘은 어김없이 빼닮았지만 막상 둘이 서로를 탐하지 않았던 건 분명 문제였다. 더 진솔히 표현하자면, 왜 서로는 서로의 속내를 깊이 들여다보려는 노력이나 단순한 호기심을 넘어서는 예술적 진지함을 보이지 않았던 걸까.

서로가 바라고 지향하는 목적지는 같았을망정, 그에 다다르는 방법과 절차는 판이했다. 대부분의 정치사상이 그리는 미래의 삶은 극적 유사성을 공유한다. 사상의 영화성이란 이처럼 드라마틱한 독선과 당장은 비현실적이기만 한 '꿈의 나라'를 배회하게 마련이다. 정작 둘이 서로를 눈여겨보지 않았음은 어쩌면 그들이 품는 미래란 게 기실 불안하고 불투명할 뿐 아니라 일체 허구임을 상대에게 들키기 싫었기 때문 아닐까.

공허한 꿈일망정, 군중들에게 내보여야만 하고 실현 불가능한 계획표라도 하염없는 관객들에게 믿음을 담보해야만 하는 둘의 역할은 애당초 사찰이나 성당의 존재이유와는 달랐다. 둘은 계속 서로에게 의존해야 했던 터였다. 나아가 서로는 서로를 활용할 여유도 이끌어내야만 했다. 영화가 (정치)사상을 정면에서 다루고 회피할 까닭을 스스로 만들지 말아야 했듯, 사상 역시 영화의 극적 예외성이나 그 극단적 낭만성 또한 계몽과 회유과정에서 요긴하게 응(활)용해야 하지 않았을까.

알리고 가르치며 실천의 바람직한 장이 곧 삶임을 일깨우는 데 '영화'만한 '교사'가 없고 '사상'만한 '텍스트'도 더는 '없음'을 그들은 왜 진즉 계몽하지 못했을까. 그것은 일상으로 익숙해진 매체교육이나 시청각이란 콘셉트를 넘어선다. 영화가 즐거움의 도구가 아니라 굳이 뭘 가르치려 들거나 사람을 이끌려 애쓰는 순간부터 무미건조해질 수 있는 가능성도 물론 감안해야 한다. 하지만 영화가 '사상'을 전파하거나 각인할 핵심동력으로 스스로를 무장할 수 있는 건 놀랄 만한 일이 아니다. '사상'이 '영화'를 통해 강고해지고 실천을 위한 효과적 수단이 되는 이치도 따로 궁리할 필요는 없지 않을까.

'연상'과 '회고'는 물론 '기억'을 자극하고 머잖아 그 같은 일들이 다시 현실로 나타나리란 기대마저 불붙이는 도구로 영화는 사상보다 가까이 있다. 너무나 익숙하여 보이지 않고 누구나 다가설 수 있기에 없는 '것'처럼 여겨질 뿐이다. 하지만 정작 영화는 왜 사상을 자신의 친숙한 소재로 삼지 않았던 걸까. 사상 또한 어쩌자고 영화를 별로 의식하지 않았을까.

서로를 비출망정 영영 보지 않는 한, 둘은 영원한 타자일 수밖에 없다. 멀리서 서로를 향한들, 다가갈 계기를 마련하지 않는다면 관계니 긴장이니 하는 단어는 생각조차 할 수 없으리라. 작가와 감독의 의지는 물론 자본의 향배까지 고려해야 할 문제임을 어찌 함부로 놓칠 우리겠는가. 영화가 사상을 '끌어당기기'란 그래서 욕망과 의지만으로 해결할 일도 아니다. 사상이 영화를 '의식하기'도 간단치는 않다. 물리적 '주체'도 없으며 감각적으로 어엿한 '콘텐츠'라는 것 또한 마땅치 않으니 말이다.

그나마 둘이 잘 엮인 영화를 만나면 숨이 트인다. 그럼에도 불구하고 냉정히 돌아보면 '영화'와 '사상'은 융성과 번영의 변곡점을 벌써 통과했을 뿐 아니라 새로운 매력과 가치의 공급원으로 자처하기도 좀체 쉽지 않다. 그것이 잔인한 현실이다. 게다가 이제는 흔적조차 묘연할 만큼 미약해진 사상의 무게를 의식하자면 학문적 천착의 필요는 물론 새삼스런 계몽도 쉽지가 않다.

사상의 힘이 제아무리 예전만 못하고 영화의 정치력마저 줄어드는 나날이라 해도 이 같은 사실들이 정작 둘 사이의 소원한 역사적 관계를 파헤칠 지적 장애요인이 되는 건 아니다. 영화가 뿌리친다고 사라질 정치사상이 아니듯, 정치사상이 밀친다고 멀리 있기만 할 영화도 아니다. 작지만 큰 게 정치영화다. 만질 수는 없지만 아주 가까이서 시나브로 우리를 건드리는 게 정치사상이다.

2015. 10

무심천변無心川邊에서

지은이 박종성 씀

목차

I.

영화로 정치사상 '읽기', 사상으로 정치영화 '보기'

영화는 사람을 움직인다. 때로는 눈물과 웃음으로 사로잡고 행위의 미래마저 단호히 이끈다. 덕분에 영화는 즐거움의 방편이거나 교육의 도구이며 정치수단까지 되었다.[1] 이 같은 문화 저력을 감안하여 관객들을 일정한 방향으로 이끌거나 작정한 곳으로 데려가 감각의 극한까지 학습시킬 수 있다는 점에서 영화에는 은근한 '정치성'이 스민다.

영화가 일정한 목표를 지향하는 것[2]도 당연하다. 무엇보다 이데올로기가 지닌 신화적 호소력과 비현실적 매력을 공유할 뿐 아니라 정치 교육적 메시지도 함께 나눈다는 점에서 탐구의 필요는 크다. 만든 자가 굳이 가르치려 들지 않아도 영화는 '보는 이' 스스로 배우고 비현실이 현실로 살아나는 감동을 영화 밖에서 찾게 만드는 자극과

1 박종성, 『씨네 폴리틱스 : 영화는 다 정치적이다』(고양 : 인간사랑, 2008), pp. 87-114.

2 Paul Willemen, "The National Revisited," Valentina Vitali and Paul Willemen, eds., *Theorising National Cinema* (London : British Film Institute, 2006), pp. 29-43.

반성의 계기로 힘을 얻는다.

이데올로기는 무엇[3]이었는가. '일정한 방향으로 민중을 동원하고 참여시키기 위해 의도적으로 고안된 인식체계' 쯤 뜻[4]을 헤아리자면 이는 거의 모든 영화에 담긴 의지를 잘 반영하는 셈이다. 삶의 목적성이야 언제 어디서든 부인할 일이 아니고 보면 영화의 정치성을 설명하기 위해 굳이 이데올로기까지 끌고 들어간다는 건 과장일는지 모른다. 작은 것을 거창한 것으로 치환하는 건 논리의 비약이란 반론도 얼마든지 감안해야 하리라.

그러나 이 책이 다루려는 주제는 기껏 영화의 정치성을 반증하거나 이데올로기를 비유의 준거로 삼으려는 게 아니다. 이데올로기 그 자체를 영화가 다루지 않았던 과거의 무관심이 영화적 무지 때문이었는지, 아니면 고의적 회피였는지 살펴봄으로써 궁극적으로 그 친밀성과 교육적 파괴력에 집중하려는 것이다. 이데올로기가 비유의 논거가 아니라 작업 그 자체를 위한 대상이어야 한다는 것.

이를 위한 작업의 전제로 다음 몇 가지 사항들을 미리 살펴보자.

3 Jorge Larrain and Tom Bottomore, *The Concept of Ideology* (Athens, GA.: University of Georgia Press, 1979).

4 근대정치사상사의 흐름을 이데올로기 중심으로 재구성한 대표적 경우로는 다음 유념할 것. Isaac Kramnick and Frederick M. Watkins, *Age of Ideology : Political Thought, 1750 to the Present* (Englewood Cliffs, NJ.: Prentice-Hall, 1964).

1. '사상thought'을 '이데올로기'와 동의어로 이해하려는 별도의 의도는 없다. 명료한 개념의 한정을 위해 '사상'이란 용어가 지니는 지나친 광범위함과 주관적 자의성을 최소화하려는 편의 때문이다.

2. 특히 그 의미를 인간의 개인적 욕망이나 삶의 편파적 변화 배경으로 이해하기보다 일정 기간 휩쓰는 '광풍狂風'으로 바라보려 한다. 국가와 사회 전체가 꼼짝 없이 겪어야 했던 믿음의 체계 '총체'는 물론, 세상은 분명 변한다고 가르치거나 집단적 기대와 기이한 희망을 예외적으로 생산해낸 독특한 정신적 동력[5]으로 이해하려 한다.

3. 그럼에도 불구하고 특정 이데올로기가 고집하는 지독한 독선Doxa과 그 불타협intransige(a)nt의 자기중심성은 여기서도 부인하지 못한다. 세상의 어떤 정치사상이(었)든 그들이 표방하(던)는 강력한 배타성과 미래지향적 환상은 어느 경우라도 감안하지 않을 수 없기 때문이다. 허무맹랑한 신의 주문처럼 결국은 덧없고 화려한 구호일망정, 바라보고 듣노라면 한없는 달콤함에 온몸 떨며 잠기는

5 Michael P. Zuckert and Catherine H. Zuckert, *Leo Strauss and the Problem of Political Philosophy* (Chicago, IL.: University Of Chicago Press, 2014), p. 14.

믿음의 욕조가 이데올로기라고 받아들이는 건 또 어떨까.

4. 그러나 모두가 빠져들어도 영화만큼은 의연(했)하다. 작가들이 직업정치인들과 혁명의 프로페셔널만큼 열정적이지 않(았)다는 가설도 빼놓을 수 없다. 엄격히 표현하자면 '덜' 뜨겁다는 게 옳으리라. 또 다른 덧없음의 계기일망정, 영화적 관심의 과소성과 열정적 미진함은 책이 겨누려는 표적의 대부분이다.

다루었으되, '덜' 다뤘다는 표현에는 적잖은 오해가 뒤따른다. '많지 않음'이란 도무지 어느 정도를 뜻하는 걸까. 대상과 깊이는 물론 그로 인한 문화파급과 정치적 영향의 '실제'에 이르는 온갖 물음들도 논란의 여지를 남길 것이다. 아예 엄밀히 따지자면 영화와 이데올로기의 관계가 물리적으로 명료하지 않은 것도 물론이다.

'영화'의 '정치성'이란 '물듦influence' 아니면 '번짐permeation'의 결과일 뿐, 가시적이거나 물리적으로 확인할 수 있는 건 아니라고 필자는 지적해둔 바 있다.[6] 무정형성amorphousness 말이다. 은근히 퍼지다 어느덧 선연해지는 색감의 이동을 어찌 회화의 감각적 '그것'과 똑같이 설명하겠는가마는 영화가 정치적인 이유는 바로 영화가 할 수 있는 만

6 박종성, 앞책, p. 135.

큼 사람을 '이끈다'는 데 있다.[7] 반대의 경우도 마찬가지다. 현실정치의 은밀함과 영화성 역시 그 같은 속성을 지니기 때문이다.

따라서 감독이든 작가든 아니면 제작자 본인이 정색을 하며 '지금부터 정치영화나 정치사상영화를 만든다'고 호언[8]하지 않는 한, 작

7 지난 세기의 영화 역사에서 헐리웃이 차지한 위상과 비중은 막강하다. 지적인 탐구 현장에서 영화의 실제만큼 업적들을 양산한 것도 따지고 보면 우연은 아니다. 미국 영화정치학 연구의 대표주자들로 앤드류 새리스와 마이클 샤피로에 주목할 것. Andrew Sarris, *Movies and Morals* (Chicago, IL.: Thomas More Association, 1972); *Politics and Cinema* (New York : Columbia University Press, 1978). Michael Shapiro, *The Time of the City : Politics, Philosophy and Genre* (London : Routledge, 2010); *Studies in Trans-Disciplinary Method : After the Aesthetic Turn* (London : Routledge, 2013); *Discourse, Culture, Violence* [ed. by Terrell Carver, Samuel A. Chambers] (London : Routledge, 2012); *Methods and Nations : Cultural Governance and the Indigenous Subject* (London : Routledge, 2004); *Cinematic Geopolitics* (London : Routledge, 2009); *Deforming American Political Thought : Ethnicity, Facticity, and Genre* (Lexington, KT.: The University Press of Kentucky, 2006); *Violent Cartographies : Mapping Cultures of War* (Minneapolis, MN.: The University of Minnesota Press, 1997); *Cinematic Political Thought : Narrating Race, Nation, and Gender* (New York : New York University Press, 1999).

8 그런다 한들, 개념이 명료하게 전달될 리도 없다. '정치영화'니 '정치사상영화'니 하는 용어 자체가 아직도 표류하는 콘셉트일 뿐 아니라 학문적으로도 합의를 거친 결과물이 아니기 때문이다. 따라서 용어 이해를 둘러싼 사회적 객관성을 담보하려면 상당한 인내와 적극적 이해가 필요한 형국이다. 그것은 인문사회과학 보편의 문제로 상호소통과 인식의 자연스러움을 기대하려면 상당기간 '애매모함과의 싸움' 즉, '추상과의 전쟁'이나 '아련함의 견딤the tolerance of ambiguity'마저 무릅써야 하기 때문이다. 하지만 이해의 늪 주변에 아무리 많은 난관이 있다 해도 그 같은 영화의 절대 존재는 엄연하며 아직 만들어지진 않았으되 이를 예견케 하는 작품들 또한 감안

품 자체에 이미 물들어 있는 모종의 이데올로기나 그 정치적 파급성을 정량(질)분석하기란 여간 어렵지 않다. 궁극적으로 그것은 관객이 느끼고 청중이 소화하며 대중이 호흡해야 할 지극히 주관적인 항목으로 남는 것도 지적하지 않을 수 없다.

문제는 경향이나 부피가 아니(었)다. 얼마나 집중적으로, 그리고 끈질기게 이데올로기의 영화적 표현을 위해 애쓰고 있는지가 관건이(었)다. 믿음의 세계를 설파하는 방대한 논리를 헤아리자면 어디 '성경'이나 '코란' 혹은 '불경'만한 텍스트가 있겠는가. 하지만 종교의 입장에서 보면 특정 인물(그가 선지자이든, 아니면 그를 따르는 정신적 추종자들이든)의 삶과 주장을 담겠다는 건 불경스러울는지 모른다.

그러나 이 같은 염려를 뛰어넘는 새롭고 기발한 시도가 없었다는 건 책을 통해 말해야 할 또 다른 대상이다. 새삼스럽지만 묻자. 이데올로기의 '만듦'은 물론 부단한 교화와 설득에 이어 민중동원의 주역들은 왜 영화로 다루지 않았을까. 오해는 말자. "왜 진작 예수나 석가모니 혹은 마호메트의 일대기를 필름에 담지 않았느냐"는 뜻으로 부디 이 물음을 왜곡·치환하지 말기를.[9]

해야 할 문제로 남는다.

9 '분량'의 정치학보다 '질량'의 경제학에 주목하는 게 상업영화의 속내지만 엄밀히 따지자면 이 주제는 논쟁의 여지가 드물 것이다. 기독교의 경우 예수의 삶은 숱하게 시도된 영화적 작업 대상이었으니 말이다. 문명권별 편차야 당연히 감안해야겠지만 정치영화나 정치사상영화를 종교의 관점에서 바라보면 논의는 지극히 제한적일 수밖에 없다.

희망의 믿음과 이를 끌어내려는 의식적 노력은 반드시 종교의 몫만도 아니라는데 밑줄을 긋자. '종교'와 '정치'의 교집합交集合 앞에 영화가 펼치는 광장 안으로 이제는 여유롭게 모여들어야 할 때도 되지 않았을까.

> 영화는 왜 이데올로기에 주목하지 않았던 걸까. 영화적 실익 여부를 떠나 이를 정면에서 다루려는 의지와 능력조차 없었던 과거를 우리는 어떻게 받아들여야 하는 것일까. 시대는 이데올로기에 젖어 있었어도 영화는 무한히 자유로웠던 과거의 무책임은 지금 소추할 수 있을까.

불특정 다수를 향해, 그것도 보이지 않는 과거를 보며 '그 때는 왜 용감할 수 없었냐'고 채근하는 일은 맥 빠진다. 그럼에도 불구하고 오늘의 영화가 누리는 영화榮華와 허무虛無를 비추는 역사의 거울로 이만큼 적나라한 무능과 무책임도 더는 없다는 데 동의하게 된다. 물론 모든 영화가 정치적일 수는 없었을 터다. 존재의 이유를 제아무리 '정치'로 설명하며 엮어낼 수 있다 하더라도 그건 무리일 것이다. 하지만 어쩌자고 그다지도 조용하였으며 다른 곳만 바라다보고 있었던 걸까. 빈곤의 과잉과 외면의 풍요?

사람들은 자꾸 잊는다. 생각보다 복잡한 영화의 역할을. 그것이 역사의 전달수단이자 정치의 교화도구이며 대표적인 사회교육매체이자 국가의 문화발전수준을 가늠하는 예술지표인 것을. 그래서 보고나면 쉽게 잊어버리거나 기억해야 할 이유가 도무지 없는, 그저 가볍고 삿되기만 한 시대의 부유물쯤 함부로 인식하는 습관도 이제는 정말 이지 버려야 한다는 것을.

'무지'와 '홀대'를 둘러싼 원론적 이야기는 지식의 경우에도 마찬가지다. 이쯤이야 충분히 이해할 사회과학도 무관심과 오인의 '크기'는 상당하기 때문이다. 모두가 학문적 자기중심주의에 젖어있을 뿐 아니라 그들 사이의 칸막이를 그들 스스로 걷어낼 생각일랑 요원하다. 융합까진 그만두더라도 타자와의 '교류'와 '통섭'은 아직 먼 나라 얘기다. 학제연구란 것도 새삼스럽지만 위에서 지적한 영화의 멀티기능 가운데 정치성 하나만 계몽하기도 쉽지 않은 학문적 결핍감은 새삼스럽다.

영화의 본원적 매력과 달리 기존의 학문세계가 이 같은 사실들을 진지하게 인정했는지는 별개의 물음으로 남는다. 혹여 보수적 인문사회과학이 이를 인정하지 않고 학문별 자기 우월성에 빠져 있었던 건 아닌지, 그래서 도리어 각지의 무지와 교만의 세월을 버티는 동안 영화는 긍정적 준거가 아니라 무의식적 폄하 대상으로 몰리거나 애물단지가 되고 만 건 아닌지 돌아볼 때도 되었을 것이다.

그럼에도 불구하고 영화 내부의 문제와 주변의 곡해를 뒤섞진 말 일이다. 영화의 문화 비중을 평가절하하려는 경우가 엄연하다 해도 그것만으로 영화의 한계와 모순을 맞바꿀 순 없는 노릇이다. 이는 '동정'과 '비판'의 경계를 엄연히 가르려는 시도일 수도 있고 행여 둘을 '얼버무림'으로써 문제의 본질을 은근히 섞어 버리려는 작업일 수

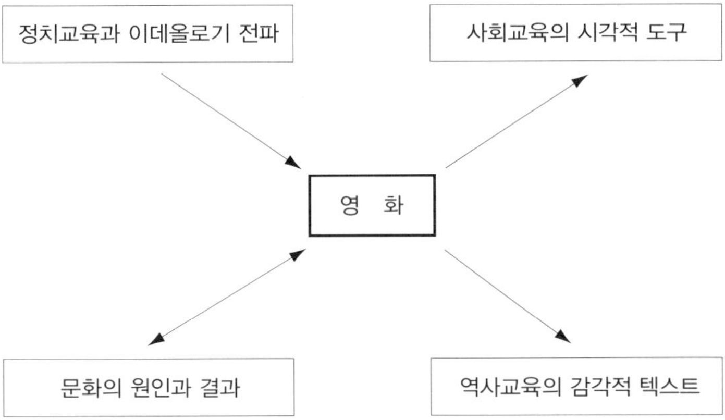

영화의 교육기능과 문화

도 있다는 데 주목해야 한다. '영화가 정치적'이란 사실 하나만으로 마치 정치의 모든 걸 다루리라고 손쉽게 기대하는 건 무리다. 마찬가지로 모두를 설명할 수 없다는 이유만으로 어느 하나 제대로 다루지 못할 것이란 편견에 사로잡히는 일이야말로 늘 경계할 것이다.[10]

10 영화가 한낱 오락의 수단이거나 하찮고 허접한 대중의 일회성 소모품쯤 간주되는 사고의 가벼움은 더 이상 허용할 수 없다. 앞서 지적한 샤피로의 경우만 하더라도 영화가 단순히 예술의 한 장르를 넘어 정치학과 역사학의 기본 텍스트로 자기 비중을 얼마든지 늘리거나 높일 수 있는 지식권력의 자원임을 잘 보여준다. 그에게 영화는 탈제국주의 시대의 국가건설과정이나 전쟁의 국제정치학을 탐구하는 데 없어선 안 될 문화 인프라다. 이에 관해서는 Shapiro(2004), *op. cit.,* Ch. 2, 5; Shap-

영화와 이데올로기 사이의 소원함estrangement 혹은 격조隔阻neglect가 그 한 예일 것이다. 말을 바꿔 영화의 정치사상적 무관심이라는 표현을 써도 크게 다를 바 없다. 바로 그 점에 주목하자. 이제껏 영화가 이데올로기에 무심했다는 건 정치사상에 관한 어떤 언급조차 없었다는 의미로까지 이해할 필요는 없다. 영화의 정치화니, 정치의 영화화니 하는 건 꼭 티가 나지는 않으니 말이다. 정치적 성격의 농후함과 이를 담보할만한 객관적 규준을 정확히 마련하여 이제껏 '제작·유통·배급'된 영화 전체의 전수全數조사를 거친다면 모를까 정치영화의 '있고 없음'을 따지는 데는 그래서 늘 논란이 뒤따른다.

통계의 절대 값보다 더 중요한 것은 사실상 영화매체가 지니는 감각적 파급력, 즉 미디어에 내재된 정치적 즉발성에 있다. 모든 영화가 '교육적'일 필요까지야 없겠지만 정치를 가르치고 불특정 다수의 대상을 이끄는데 이만한 수단도 더는 없다면 영화가 정치, 특히 이데올로기를 담는 '방식'과 '기술'은 훨씬 정교했어야 한다는 얘기다. 영화가 역사와 정치는 물론 문화와 사회질서를 비추는 가장 현란한 매체임을 부인하지 못한다면 이 같은 절실함은 더더욱 커진다.[11]

iro(2009), *op. cit.*, pp. 16-38.

11 그럼에도 불구하고 영화의 이 같은 역할에 관한 국내 논의가 '얕음'은 여전히 문제다. 논의의 활성화는커녕 메타이론들의 정리조차 체계화되지 않고 있음은 이 부문의 탐구가 얼마나 초보적 수준을 맴돌고 있는지 잘 말해준다. 이를테면 다음과 같은 경우를 잇는 후발 연구조차 왕성하게 이루어지지 않고 있음은 문제다. 전평국,

이데올로기를 바탕에 둔 정치영화의 경우, 궁극적으로 따져보아야 할 대상은 또렷하다. 그것은 '누가 언제 무엇을 어디서 어떻게 왜' 부르짖고 아직도 불만과 불안의 세월을 방황하고 있는지와 직결된다. 즉, 정치사상을 기저基底에 둔 '사람의 문제'일 터다. 특히 일정한 상황 속의 인간이 고민하는 총체적 문제 해결과 그 실천방법의 차이를 고려한다면 역사 속에서 이끌어낼 만한 '정치적 인간'의 유형은 몇 가지 모습으로 도드라질 것이다.

가장 흔한 유형으로 라스웰 류의 음험하거나 은밀하며 머잖아 군중들에게 들켜버리고야 말 철저한 '두 얼굴'[12]로 부각될 수도 있고 권력을 좇되 무자비한 자기중심성을 잃지 않는 마키아벨리안 일반의 단세포적 집착[13]으로 그릴 수 있을는지 모른다. 하지만 눈길을 돌려 정치적 인간의 유형을 살펴보면 사람의 모습은 몇 가지 동심원 안에서 겹치고 버무려지게 마련이다. 물론 이 역시 인간들이 만들어낸 편의적 이념형이자 실체에 근접하고자 노력한 결과물에 불과하지만 말

"현대영화 제 이론의 발달과 변천 : 정치와 철학적 관점에서," 한국영화학회(편), 「영화연구」 제15호(1999), pp. 11-39.

12 Harold D. Lasswell, *Power and Personality* (New York : Norton Library, 1976), Ch. 3.

13 John Greville Agard Pocock, *The Machiavellian Moment : Florentine Political Thought and the Atlantic Republican Tradition* (Princeton, NJ.: Princeton University Press, 2003).

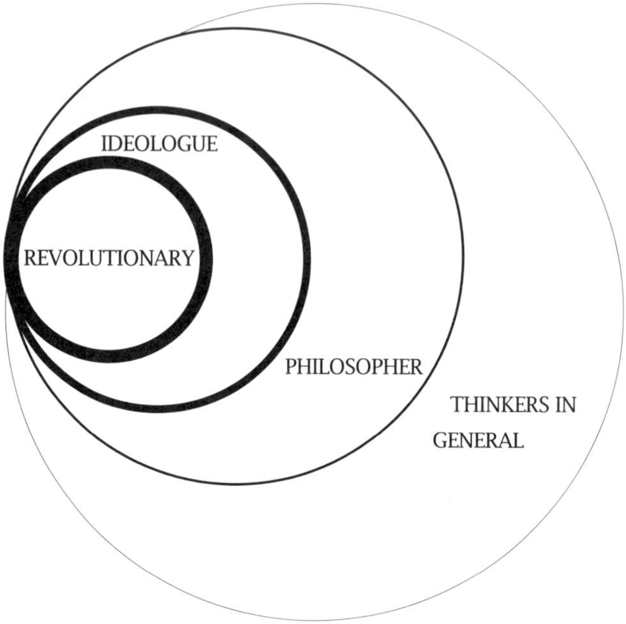

정치영화와 인간의 얼굴

이다.

위의 그림 역시 그 같은 생각의 내용물을 담는다. 이 세상에 '생각 없는 사람'이야 어디 있겠는가마는 여기서 말하려는 '씽커thinker'는 사고의 치열함과 진지함에서 일상의 시민들이 추구하는 그것을 훨씬 능가한다. 즉, 시대가 부딪친 상황 논리를 치밀하게 해부하면서 이를 딛고 보다 나은 세상을 만들 현실적 방안과 유난스런 고민을 지속하는 이들을 이른다. 삶의 미세한 수준까지 다다르는 정책적 고민이나 가시적 개선을 끌어내는 결과물마저 당장 담보하진 않더라도 시대의 흐름과 사람들의 집단적 '바람'을 읽고 가능한 한 동시대에 그 꿈을 실현하기 위해 보통사람들과는 다른 수준의 생각을 일상화하는 '사상가들'을 말하려는 것이다.

다만 그 같은 생각에도 '방향'과 '강도强度'가 다르고 '속도'와 '내용'이 같지 않아 끝내 추구하는 목표마저 간단치 않다는 사실은 유념해야 할 사항들로 남는다. 사상가들 각자가 그리려는 유토피아의 속내가 다양했던 것도 인간의 복잡한 욕망이 치러야 할 당연한 대가였을 것이다. '정치'란 결국 이들을 구현하겠다는 핑계였고 허구적 믿음 일망정, '권력'은 곧 그 실현의 기대를 한껏 자아내게 할 생색의 '자원'으로 더없이 달콤한 역사의 에너지였다.

사상가의 분포가 시대별로 제한적이거나 예측 가능했더라면 인간의 삶은 단조로웠을 것이다. 그렇다고 어찌 사람들의 가슴과 이마에 라벨label이라도 달아 자신의 사회적 존재양식을 따로 규정할 수 있었겠는가마는 사람의 유형화 작업이란 것도 엄밀한 객관성을 지닐 수는 없었다. 칼같은 변별력을 자랑할 만큼 확실한 정체성을 갖추지도 않았고 누군가에게 그처럼 호명하도록 주문하지도 않았다는 점에서 '당사자들'의 사회적 경계 역시 모호하거나 불투명하다.

그럼에도 불구하고 사상가들의 텃밭 속에서 서로 다른 희망과 꿈을 기획한 숱한 이들이 때로 부딪히고 뜨겁게 갈등하는 모습은 복잡하다 못해 절박하다. 그에 따라 '생각하는 사람'들 일반의 삶이 누군가의 또 다른 치열함과 진지함에 기대거나 비범한 능력에 힘입어 간간히 극적 변화를 겪는 일도 얼마든지 가능하다. 그 같은 역사와 현실 변혁에 주목하자면 우리는 그것을 곧 '정치의 영화성'이라 부를 수 있을 것이다.

[사상가 → 철인 → 이데올로그 → 혁명가]로 분류, 명명한 필자의 동심원 독해 방식도 결국은 그들 각자의 생각의 비중과 열정의 강도를 고스란히 반증한다. 비상한 실천 능력은 물론 역사가 제공한 행운의 변수와 예외적 성공사례들까지 포함한다. 인간의 삶은 곧 이 같은 비범함과 놀라운 성실성이 빚어낸 남다른 누군가의 의지의 결과물이었다는 해석도 그래서 가능해진다. 다음 몇 가지 사항은 이들 '정치적 인간'의 유형을 이해하기 위한 몇 가지 전제다. 원의 핵심에 다가갈수록 정치적 의지와 실천적 열정의 부피도 더 강하고 성공을 향한 조바심impatience 역시 그에 비례할 것이다. 몇 개의 원을 나누는 분획선과 그 각기의 외곽선 두께 차이도 이 같은 측면에서 파악할 것이다.

1. '사상가'와 '철인'의 차이를 명쾌하게 가르는 구분법은 없다. 단지 전자가 '아집'과 '독선'에 매몰되기 쉬운 성향을 지닌다면, 후자는 보편적 정의와 항구적 적합성을 둘러싸고 고뇌의 깊이가 남다르다는 정도일 것이다. 그렇다고 사상가의 정치사회적 위상이나 인간적 깊이가 철학자의 그것에 늘 미치지 못한다는 논리도 성립되긴 힘들다.

2. '생각하는 인간'들의 앞선 두 유형을 헤아릴 명료한 방법 대신, '사상'과 '철학'의 관계를 일컫는 레오 스트라우스의 다음 경구는

늘 중요하다. "'정치철학'은 '정치사상'일 수 있지만 '정치사상'은 '정치철학'일 수 없다"[14]는 그의 주장 말이다. 그렇다면 [정치철학]은 [정치사상]보다 훨씬 기층적이고 근본적이며 일반적 수준의 폭넓은 화두를 먼저 의식한다는 가설도 수립 가능하다. 시공간을 초월하는 항구적 정당성이나 최고선은 물론, 공동선 같은 가치에 연연하는 고상한 자세도 사상적 집착과는 거리가 있다.

3. 마찬가지로 '이데올로그ideologue'의 사회적 존재양식도 사상가 일반이나 정치철학자들의 그것과는 엄중히 다르다. 흔히 단순지식의 소유자이거나 학문을 생계 수단쯤 수용하는 일군의 부류를 '인텔리젠스intelligence'로 부르는 반면, 현실에 깊은 불만을 품고 의도한대로 세상을 바꾸는 데 자신의 '앎'을 모조리 불사르는 '자'들을 '인텔리겐차intelligentsia'라고 호명한다면 '이데올로그'란 후자에 한 발 가까이 다가선다 할 것이다. 철학자의 관조적이고 사색적이며 과묵한 성찰이 사상가들에게서 같은 모습으로 반복되길 기대하기 어렵듯, 사상가 모두가 이데올로그의 정치적 방향성이나 감각적 열정을 공유한다고 결론짓기도 쉽지 않을 것이다.

14 Leo Strauss, *What Is Political Philosophy ? and Other Studies* (Chicago, IL.: University of Chicago Press, 1959), p. 12.

4. 이 같은 사회적 존재양식도 '직업'이라기보다는 삶 그 자체를 형용하는 '차이'와 '다름'일 것이다. 사상가와 철인들 속에서 세상을 바꿔보려는 이념에 심취한, 그래서 그 꿈이 현실로 도드라질 것이란 믿음 하나로 지난한 '삶'을 꾸리려 했던 이들이 이데올로그인 것도 엄연했다. 하지만 생각이 현실을 뒤바꾸는 직접적 도화선은 아니다. 단서는 단서일 뿐, 정작 스위치를 넣거나 방아쇠를 당기는 이들은 따로 있게 마련이다. 기다림과 은근함이 세상의 변화를 기대하는 온건한 방법임을 잘 알면서도 그 대열에서 기꺼이 벗어나 당장 꿈꾸는 미래에 도달하고픈 욕망을 실현하고 희망의 조급한 속내를 들여다보고픈 이들은 따로 있었다.

이름 하여 이들을 '혁명가'로 지칭하는 까닭은 이제껏 등장한 정치적 삶의 양식가운데 가장 뜨겁고 분주하였기 때문일 터다. 더 없이 진지한데다 조바심마저 기꺼이 아끼지 않은 부류였다는 이유도 아울러 빛나리라. '순수'와 '진정성'은 그만두더라도 언제든 죽을 각오와 함께 자신의 모든 걸 변혁의 꿈과 맞바꿀 태세로 넘쳐나던 이들이 있어 지난 세기는 차라리 행복하였을 것이다. 오죽하면 혁명의 끝은 국가의 소멸이라고 믿게 만들려 했을까. "깨어진 경찰서 유리창 개수나 불타는 바리케이드 수자로 혁명은 판가름 나지 않는다"던 레닌의 외침도 이제는 로맨틱한 절규에 지나지 않지만 드라이아이스처럼 계급은 끝내 사라질 것이며 이를 감싸고도는 음험한 국가마저 영영 없어지리란 꿈도 혁명가의 여전한 전유물인 까닭은 자연과학으로 설명할

수 없다.[15]

어디 그뿐이랴. '혁명'도 다 같은 콘셉트는 아니었다. 자본주의의 악질적 병폐란 한 두 번의 '체제전복'으론 어림이 없어 세계의 붉은 파도는 물론, 가능하다면 우주의 적색물결 마저 꿈꾸어야 할 민중의 당연한 의무였다. 그로써 트로츠키의 '영구혁명'도 가능했고 그람시의 '진지전'과 '수동혁명'도 이해의 틀을 갖춘다. 그런 의미의 복합체들일랑 마르크스가 말한 본연의 사회주의혁명에서 어느덧 가지치고 꽃피어난 변종의 소셜리즘들이었고 이미 권력이 되어버린 콤뮤니즘은 경쟁자와 비판자를 혹독한 적으로 몰며 뜻과 방향을 달리하는 건 동지들이 할 일이 아니라고 부르짖는 데 서슴없었다.

사회주의의 완성은 한 국가 안에서도 버거우며 당 또한 둘씩이나 있어야 할 아무런 이유가 없다는 논리 역시 혁명가의 오만과 경직을 변명하기엔 초라했다. 대결과 갈등은 금기 대상이었고 이를 무릅쓰기란 죽음과 마주해야 할 이단과 반역에 다름 아니었다. 일국사회주의와 국제공산주의란 그래서 물과 기름처럼 겉돌고 말 기연奇緣의 사상체계였고 피 끓는 이데올로그들의 유난스런 혁명 부품들이었던 셈이다. 사상과 혁명의 관계가 덧없고 서서히 기운을 잃어갔던 궁극의 까닭도 이 같은 급진적 설렘과 현실적 환멸 사이를 메울 길 없는 저 도

15 Lucio Colletti, *From Rousseau To Lenin : Studies in Ideology and Society* (New York : Monthly Review Press, 1972), pp. 220-225.

저함 때문이었을 것이다.

혁명가의 이데올로기적 외피나 정치적 푯대가 좌파의 전유물로만 굳어졌더라면 세상의 혼란은 그나마 덜했을 것이리라. '당'과 '국가'는 '민족'과 '개인'을 넘나드는 역사적 주문이자 초월적·총체적 항목으로 사회주의만 애용·천착한 건 아니었으니 말이다. 나치스트와 파시스트들도 서슬 푸른 자기네 정당의 깃발아래 볼셰비키 판박이처럼 하나로 뭉치는 데 영락없었고 나라의 기틀을 다시 다지기 위해 젊은 영혼과 노동자들의 육체를 긴박한 자원으로 칭송하는데 한결같았다. 오죽하면 전쟁에서 패배한 과거를 단숨에 뛰어넘으려 역사는 민족에게 또 다른 전쟁을 요구한다며 모두가 한꺼번에 광분할 수 있었을까.

그러나 허구한 날 혁명만 궁리하며 산 건 아니다. 세상의 변혁은 커녕 계급도 고스란히, 신분도 어김없이 지탱하면서 귀족은 물론 극천민極賤民의 질곡마저 아무 일 없이 놔두는 게 오늘의 세상임은 또 어찌 보아야 할까. 그것은 그 자체로 이미 영화적이지 않은가. 누군가 자신들을 업신여기거나 무너질 듯 흔들리는 제 처지 아랑곳하지 않아도 그걸 운명으로 받아들이는 '지극함'과 '당연함'일랑 말과 논리로 수식할 수 없는 일이니 말이다. 사상과 이데올로기라는 것들도 그 앞에선 초라할 따름이다. 변화를 '거부한다'는 말조차 무의미해지는 극한의 경우[16] 앞에서라면.

지상의 저 숱한 경우의 수를 모조리 담아낼 이데올로기나 사상이 있다면 모를까 문명의 차이와 문화의 유사성을 감안한다 해도 전부를 충족시킬만한 믿음과 희망의 '체계 만들기'란 여간 어려운 일이 아닐 터다. '차이'와 '다름'은 물론 '같음'과 '비슷함' 역시 사회과학 탐구가 자연과학적 엄정성을 요구하기 힘든 까닭과 이는 잘 통한다. 아무리 중요하다 해도 세상을 읽고 따지는 틀 가운데 이만큼 성글고 헐거운 콘셉트가 또 있을까. 그렇다고 이걸 마치 무슨 체제가 입을 의상이나 정신적 패션쯤 묘사할 수 있다 해도 감각적으로 꽉 끼거나 인식의 '올'들을 흔쾌히 충족시킬 후련한 도구가 될 리도 만무이고 보면 현실의 영화성을 이들과 엮는 일도 좀체 간단치는 않으리라.

삶이 드라마보다 더 드라마틱하다면 그 궁극의 까닭은 그만두더라도 있는 일들의 기록과 압축적 표현을 위해 노력하는 게 먼저다. 그리하여 장차 이를 담아낼 드라마의 현실성을 한층 실감나게 고양시키는 데 주력할 것이다. 설령 이데올로기와 사상은 언급조차 못하게 될지언정 말이다. 일상의 삶을 당장 바꿔주지도 못하고 오늘의 질서는 왜 그처럼 답보하고 있는지 원인을 캘 때마저 사상이나 이데올로기는 정작 속 시원한 답을 주지 못한다. 마치 먼먼 허공에서 먹이를 외면하며 유유히 선회하는 독수리마냥 어슴푸레 떠돌 뿐이다.

그저 연하디 연한 수묵담채의 기운이나 묽디묽은 파스텔 톤 옷자락 솔기처럼 거기 그렇게 있었던 것. 아니 지금도 그처럼 있는 것. 모

16 Edward Friedman, "Development, Revolution, Democracy, and Dictatorship : China Versus India?," Theda Skocpol, ed., *Democracy, Revolution, & History* (Ithaca, NY.: Cornell University Press, 1998), pp. 102-123.

두를 만족시키진 못하여도 거의 묵인하고 동의하는 것. 그럼에도 불구하고 그대로 이뤄질 것이라고는 전혀 기대하지 않(게 만드)는 것. 그리하여 없어도 있고, 있어도 꼭 없는 것처럼 존재하는(?) 허상과 상징

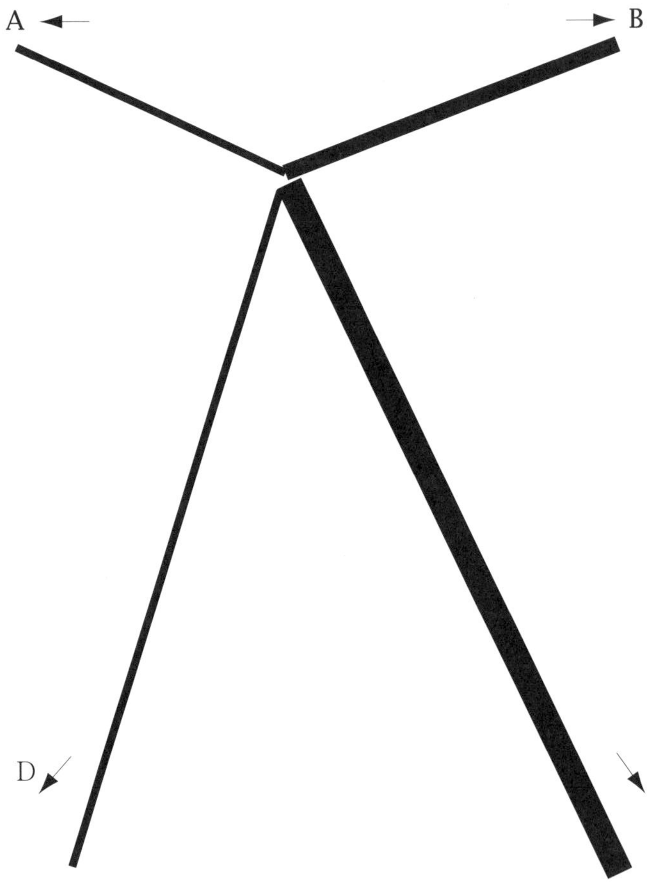

근대 역사의 이행과 정치사상의 분화 : 베링턴 무어의 경우

의 복합체. 이 좁디좁은 지면 위에 어찌 지상의 온갖 경우의 수를 펴 담을 수 있겠는가마는 너무나 흔하여 존재의 절실함을 인지하지 못하고 관습으로 굳어져버려 감각의 말초로도 느끼지 못할 일상의 사상성에 우리는 분노하는 것이다. 아직도 이뤄지지 않는 민주주의에, 흔쾌히 성사되지 않은 사회주의에.

사상의 일상성과 미시성microcosm에 주목할 필요가 있다 해도 그 기본은 세상을 바꾸고 변화 방향의 대강을 이끄는 거시성macrocosm에서 돋보인다. 앞서 말한 대로 역사변화에 따른 이데올로기의 경로 변동pathbreaking과 그에 따른 세계질서형성의 사상적 배경을 상대적으로 이해하려면 이데올로기의 다양성만큼이나 문명권의 모습도 아울러 중요해진다. '사상체계 곱하기 문명권'의 콘셉트가 복잡해지는 까닭 역시 여기서 이해의 틀을 갖춘다.

영화가 어찌 사상체계와 문명권 각기의 이데올로기 지평을 향해 낱낱이 감각의 촉수를 뻗칠 수 있겠는가마는 우리는 적어도 정치사상의 전개와 분화를 통해 이를 재인식하고 다시 가르칠 정교한 미디어들을 찾거나 만들 계기를 고민해야 한다. 그리고 돌파구의 한 예로 배링턴 무어에 다시 주목할 필요가 있다.[17] 그가 말하는 것처럼 근

17 이에 관해서는 다음 참조할 것. George Ross, Theda Skocpol, Tony Smith, and Judith Eisenberg Vichniac, "Barrington Moore's *Social Origins* and Beyond : Historical Social Analysis Since the 1960s," *ibid.*, (Ithaca, NY.: Cornell University

대로의 역사이행이 반드시 [자본주의혁명]과 [사회주의혁명] 그리고 [전체주의독재]의 경로로만 펼쳐졌는지는 지속적 탐구 대상이다. 하지만 역사변동의 숱한 경우의 수와 이를 가르는 '결정적 유사성the crucial similarity'에 치중하자면 그의 굵은 목소리에 유념할 일이다. 앞의 그림처럼 말이다.

> 근대세계로 전환하는 데는 세 가지 중요한 역사적 길이 있다. 첫째 길은 부르주아 혁명이다. 이는 마르크스주의적 함의를 갖기 때문에 마치 붉은 깃발을 휘두르는 것 같은 인상을 줄지 모르지만 근대 산업민주주의사회로 바뀌는 과정에서 영국·프랑스·미국사회가 보여준 폭력적 변동을 가리킨다. 두 번째 길도 자본주의적인 모습을 보여준다. 하지만 이 길은 20세기 파시즘에서 절정을 이룬다. 독일과 일본의 경우가 대표적이다. 나는 이를 반동적 자본주의 유형으로 부르려 한다. 이는 '위로부터의 혁명' 형식을 취한다. 세 번째 길은 러시아와 중국을 사례로 삼는 공산주의적인 경우다. 마지막으로 인도의 경우에서 제4의 유형을 찾을 수 있다. 위로부터든 아래로 부터든 여기서는 자본주의 혁명도, 공산사회로 나아가려는 혁명도 없었다.[18]

Press, 1998), pp. 1-21

18 Barrington Moore, Jr., *Social Origins of Dictatorship and Democracy : Lord and Peas-*

과잉 단순화시킨 이념형의 한 경우지만 앞의 그림은 무어의 이 같은 입장을 잘 압축한다. 선의 굵기와 방향 역시 좌와 우의 사상적 성격은 물론, 그 내용적 극단성을 표시하려는 편의적 결과다. [A]는 공산혁명의 길을 밟은 국가들을, [B]는 부르주아혁명을 거친 경우를 말한다. 그런가하면 [C]는 전체주의독재를 거친 극우적 사례들을 일컫고 [D]는 특정 혁명도 독재도 아닌 전통의 고수와 자발적 정체停滯를 선택한 인도의 예외성을 이른다.

두말할 필요조차 없이 이들 네 개의 극단적 직선 사이에는 포물선 형식이든 아니면 불특정 분포의 복합성을 띤 가변적 모습이든 여러 정치문화와 체제변동형식이 겹쳐진다는 데 주목할 일이다. 뿐만 아니라 이들 국가전체를 관통하는 문명권의 영향과 문화편차까지 교차 수용하자면 무어의 역사사회학적 '근대읽기'는 이데올로기적 입체성을 더할 것이다. 즉 기독교 문명권([E])과 유교 문명권([F])의 영향은 물론, 힌두 문명권([G])의 압박과 이슬람 문명권([H])의 문화중첩까지 피할 수 없었다면 근대이후의 세계가 통과한 역사의 터널은 운명이자 드라마틱한 스토리텔링의 무진장한 인프라로 작동한다.[19]

ant in the Making of the Modern World [with a new fw., by Edward Friedman and James C. Scott] (Boston, MA.: Beacon Press, 1993), pp. xx-xxii.

19 무어가 분류한 근대사회의 네 가지 변동유형과 다시 그들의 교차 영향을 상정할 경우, 산술적으로 전개·분화할 정치변화의 국가별 복합성은 감안해야 할 일이다. 사상과 문명권을 기준으로 '근대이후'를 거시 분석할 때도 이는 통과의례가 될 것이다.

도도滔滔한 강물이 역사라면 언제 터져버릴지 모를 거품 하나는 영락없이 개인일 것이리라. 덧없고 연약하며 하염없이 변덕스러운데다 예측할 수 없는 앞날 앞에서 흔들리는 불꽃으로 살기란 언제나 거기 그대로인 자연 속 사물에 비하면 도리어 초라하다. 견디고 버티는 힘이란 게 어디 자연의 그것을 감당하겠는가마는 문제는 개인도 개인 나름이란 사실이다. 강인하고 드센 인물이 삶의 극단성과 예외성을 고스란히 드러내거나 인기와 매력까지 동원하여 바람직한 역할모델로 선망의 대상이 될 때 영화성 마저 지니는 일은 그리 흔치 않기 때문이다.

이름 하여 '위인'이나 '초인'을 중심에 얹기도 하고 아예 '끝내주

역사라는 숲과 국가라는 이름의 동굴 안에서 살며 호흡하던 한 개인의 흔적은 어차피 총체totality 안에 묻히고 녹아들 수밖에 없다. 하지만 개체를 좇고 기록하며 나아가 움직임의 미시성을 담는 그릇 역시 클 수는 없다. 현미경과 망원경 렌즈가 다르듯, 대상의 크기는 그에 맞는 관찰 도구를 필요로 한다. 무엇으로 어느 것을 보는 게 더 감동적인지는 결국 취향과 선택의 문제일 것이다. 비교와 검증이 원천 불가능하기 때문이다. 분석 수준과 비교의 준거도 다를 수밖에 없고 대상의 성격에 따라 앵글의 크기 역시 달라져야하기 때문이다. 다만 여기서 분명히 해둘 것은 구체성을 잃을수록 흥미와 흥분은 덜하며 감동의 내용 또한 반비례한다는 사실이다. 이는 있었던 일들을 고스란히 재현하는 경우나 없었던 일들을 사실인 양 만들어 낼 때나 마찬가지다. 영화나 연극이 애당초 전체를 다루지 못하고 개체를 향할 수밖에 없는 이치와 이는 서로 통한다. 그것은 집착이 아니라 자연스런 선택이며 처음부터 감정과 감각을 지닌 인간이 또 다른 인간에게 전할 감흥의 메시지 때문에 가능한 일이다. '영화'와 '연극'이 처음부터 끝까지 '정치'일 수밖에 없는 까닭이다.

는 사람Terminator'과 '천재'의 삶도 종종 다루는 걸 보면 영화 역시 예외가 없는 건 아니다. 굳이 정치사상이나 이데올로그와 연관시키지 않더라도 영화의 인물사적 관심이 아예 없었다고 말하는 건 무리이기 때문이다. 다만 논란의 여지를 두는 것은 역사적 실존 여부를 떠나 개인사의 굴곡이 지니는 극적 극단성과 그에 치중하는 영화적 편식偏食the unbalanced diet 대목이다.

그 동안 세계의 (극)영화feature film는 장사가 될법한 인물들의 삶에만 선택적 관심을 보여 왔다. 히로히토나 히틀러는 가끔이라도 다룰망정, 레닌이나 루소 같은 존재는 안중에도 없던 점을 떠올리면 금세 이해가 가능하다. 기껏해야 스쳐 지나든지, 아니면 아예 관심의 초점조차 이루지 못한 경우가 다반사였으니 말이다. 도무지 영화는 왜 '혁명가'에 초연했을까. 아니 어쩌자고 지금도 의연한 외면을 지속하고 있는가. 게다가 '사상가'는 오늘의 영화 어디쯤 자리하는 걸까.

우리는 이제껏 세상의 어느 영화도 마르크스의 삶에 주목했다든지, 적어도 아시아 필름이 모택동이나 전봉준 같은 존재에 깊은 애정을 퍼부었다는 얘길 들어본 적이 없다. 기껏해야 인물 좋고 대중적 인기를 동원했던 체 게바라 정도였다. 이 역시 그의 사상과 행적 때문이라기보다 스마트한 외모가 주는 시각적 매력이나 그 표피적 감동의 결과[20]였다면 지나친 해석일까. 하물며 추상적이거나 애매한 콘텐츠에 현혹되기보다 파격적이고 극단적이며 나아가 잔인한 미장센에 이르기까지 시각적 잔상이 오래도록 흥미를 느끼거나 선호하는 것 역시 지극히 자연스러웠다.

이 책은 영화의 정치사상적 빈곤과 '혁명'의 무관심을 반증하려는 작은 시도다. 하지만 숱한 영화들 가운데 과연 몇이나 이 같은 관심을 기울였는지 경험적인 검색과 과학적 추적에 주력하진 않을 것이다. 그보다는 빈곤한 조건 속에서도 이를 무릅쓴 대표적인 작품들을 면밀히 살펴봄으로써 오히려 부족함 속의 풍요와 덜함의 정치미학이 펼치는 영화의 지평을 누벼보려 한다. 많지는 않아도 돋보이는 정치영화의 사상적 방점과 그 속에서 빛나도록 도드라지는 혁명성에 눈길을 고정시킴으로써 영화가 왜 정치교육의 대표적 텍스트가 될 수 있는지 헤아리도록 한다. '압축'과 '도약'의 단서를 마련하기 위하여.

영화의 극단성을 감안하되, 근대 이후의 정치사상 전개에서 무어가 주목한 세 가지 경로를 바탕삼아 문명권의 이데올로기 수용과 경험적 변용이 작품 안에서 어떻게 구현되는지 살펴보기로 하자. '부분'으로 '전체'를 말할 수 있는 건 아니지만 작품 하나가 이들의 전개와 분화를 어떻게 대변하는지 집중적으로 의식하면서 말이다. 여기서 눈여겨보려는 이데올로기 역시 '전체주의'와 '자본주의', '사회주의'가 기본 축을 이룬다. 그 위에 이슬람의 '원리주의'도 겹쳐보자.

20 좋은 것들을 오래 기억하려는 인간의 시지각적 속성과 경험적 관행이 영화 미디어와 친화관계를 갖는 건 지극히 당연할 것이다. 이른바 '외모의 정치학the Politics of Appearance'이 영화내용과 기법에 우선하는 현실도 잊지 말자.

II.

전체주의 : '선'과 '악'은 생각의 상태일 뿐, 경계는 없다.

— 〈한나 아렌트〉(2012) : 마가레테 폰 트로타

정치학용어 가운데 간단치 않은 의미의 결정체들은 의외로 많다. 그 가운데 하나가 '적실성relevance'이다. 자연과학은 사회과학이 애매한 개념들이나 여러 의미소들을 단 한마디로 뭉뚱그리려 들 때 눈살을 찌푸린다. 그렇다고 그 같은 마뜩찮음 역시 똑바로 목격하거나 증언한 이들도 많지는 않다. 단지 자격지심에 가까운 학문적 예민함 위에서, 아니면 구태여 과학성을 고집하는 논쟁 현장에서 새삼 자각하는 '비적확성'을 부인할 길은 어디에도 없을 것이다.

만일 사회과학용어 대부분이 자연과학의 그것처럼 자로 잰 듯 규모와 내용에서 변별력이 엄격하다면야 이 같은 거리감은 사라졌으리라. 하지만 오해의 여지와 불통 가능성은 늘 열려있었다. 뿐만 아니라 심지어 같은 학문공동체 안에서도 동일한 주제를 놓고 패가 갈리거나 입장의 선명성을 드러내는 데 오랜 시간 할애하는 건 각자가 이해하는 언어의 의미와 지속적인 의미 해석의 방법마저 제각각 다르기 때문이다. 인간이기에 가능한 일이다.

생각이 다르다는 건 결국 해석의 지평과 의지의 공유면적을 달리하기 때문에 가능한 일이다. 인간 모두가 자연과학에 몰두하거나 사회과학에 전념할 수 있다면 모를까 설령 그렇다 해도 타인의 존재를 인정하지 않는 한, 세상은 온통 충돌과 갈등의 온상이거나 한 발짝도 나아갈 수 없는 속박의 터전일 것이리라. 생각이 다르니 말이 다르고 말이 다르니 글도 같지 않고 '같음'과 '다름'의 경계도 어느 덧 성곽보다 높고 산과 바다마냥 가없어지려는 이치도 이해 못할 일은 아니(었)다.

말을 하되 말이 '되게' 말을 '하는' 것. 글을 쓰되 글이 '되게' 글을 '쓰는' 것. 읽고 듣되 다시 자신의 언어와 문자를 '그럴 듯하게plausible' 준비하는 것. 그리하여 불특정 다수를 움직이거나 그들의 의지와 해석의 공간을 점유해 나가는 것. 그 점유의 '힘'이 일정한 시대를 지배하고 당초의 배양 공간과 국가의 경계를 넘어 온 세상을 휘어잡는 것. 최초의 설득 앞에 공감하는 인구의 폭을 삽시간에 넓혀 끝내 자기신격화의 오류나 빠져나갈 길 없는 '우김persistence'의 함정에 갇히도록 채근해 대는 것.

엄밀히 따져보면 '사상'도 이런 것이었으리라. 시대를 풍미하다 못해 제 자신은 물론 타인의 혼을 온통 빼놓고 들뜨고 격정적이던 세월의 현장을 씻은 듯 미련 없이 떠나버리곤 하던 황망한 존재들이 바로 인간이란 이름의 감각체感覺體였을 것이다. 사상의 적실성이란 곧 강력한 믿음의 논리적 근거이자 정치적 추인의 까닭이었다. 그것이 곧 말이 되고 글이 되며 바로 답이라는 순간의 열광이 집단의 의식을 사로잡는 매력적 동의의 이유가 된다고 보면 이에 기대려는 약삭빠른 권력자의 계산과 속내를 따져보는 일은 다음다음의 일이었다.

'전체'란 '부분'의 단순 산술적 총합Total Sum of Parts이 아니라 '전체' 그 자체의 본원적 속성을 지니며 '부분'이 넘볼 수 없는 고유의 영역을 지닌다는 사실은 근대 이후 전체주의가 등장하기까지 정치적 관심대상이 아니었다. 하지만 이 때 '전체'는 '국가'이자 '민족'이며 정치적 총체로 인간이 기대야 할 마지막 보루라는 힌트가 위력을 발휘한 건 우연이 아니었다. 특히 위기와 불안이 팽배할 때 기막힌 비상구 역할을 담당한다는 것도 이제는 상식이다.

그것이 하필 제1차 세계대전의 패배로 쓰라린 고통을 겪던 독일과 이탈리아에서 급속도로 퍼져 1919-1939년 사이에 견고한 이데올로기로 자리 잡는다는 사실은 역사 이해의 한 축을 이룬다. 패전의 고통을 극복하기 위해 다시 한 번 전쟁이 필요하다는 논리, 위대한 민족은 이 같은 소명召命을 피하지 못하며 역사가 요구하는 거룩한 위업을 치를 국가도 '둘'일 수는 없다는 억지, 약속이나 한 듯 두 나라가 합의하여 만든 전체주의는 아니었으되 독일과 이탈리아가 일사불란한 호흡을 자랑할 수 있었던 우(필)연적 필(우)연.

하지만 견디기 힘든 고통은 따로 있었다. 위대한 민족이 하나이려면 그 하나는 절대가 되어야 하고 하나에 버금가는 또 다른 하나는 한사코 사라져야만 한다는 익명의 주문이었다. 그 같은 독선과 오만이 교만이 아님을 입증하기 위해선 '전쟁'이란 이름의 '폭력'이 기꺼이 동원되어야 하고 거기서 승리하여 세계를 제패하는 그날, 세상의 인정을 굳히기 위해 누군가는 한없이 죽어가야만 했다는 사실이다. 자연사나 질병에 의한 죽음이 아니고 사고나 자살도 아닌 철저한 군사적 준비와 물리적 플랜에 따라 진행된 의도적 살인은 둘도 없는 강인함을 입증하기 위해 저지른 지난 세기 최고의 무리한 '기획'이었다.

힘의 부피를 최대화하는 최고 방편은 스스로를 극대화하는 인위적 확장보다 복종의 상대로 하여금 공포의 크기와 치욕의 절대 값을 절감하게 만드는 것이었다. 엄밀히 따지자면 지상의 모든 권력은 이 같은 [지배–복종]의 충동적 메커니즘을 터득한 지 오래다. 하지만 민주주의의 역사는 이 같은 충동의 자기조절과 무한증식의 정치심리를 합리적으로 자각하는 데 성공해가는 과정이었다. 전체주의의 비극은 조절기제의 작동을 방해한 집단적 사고와 치유불능의 자기 마비에 있었던 셈이다.

생각하면 생각한대로 된다는 맹신성과 강자를 애써 하나로 만들기 위해 '둘'은 인정할 수 없다는 믿음의 확장. 그것은 지독히도 뿌리 깊은 콤플렉스이자 최고의 광기를 확대재생산한 게르만의 심리자원이었다. 미친 듯 모여드는 군중의 자발적 복종과 이를 동원하는 권력의 광란이 역사의 이니셔티브를 농락할 때 게르만의 피의 원형으로 등장한 아리안Arian을 돋보이게 할 속죄양은 하필 유태인Jew 아니었던가. 태생적 미움이나 본원적 분노도 따지고 보면 정치적 탐욕이 빚은 질투에 다름 아니다. 근본적 불신이란 것도 양립 불가능한 우수함을 내세워 어느 한쪽이 모든 걸 제패하려는 욕망의 가림 막이자 지독한 이기주의의 꼬여버린 표현이었을 뿐이다.

여기서 생겨나는 또 다른 혹독함이 곧 선악의 필연적 대립이다. 두 가치체계의 사동적 대결이 빚어내는 선명한, 그리고 드라마틱한 상호부정의 역사가 당하는 자들보다 바라보는 타자들을 한결 긴장시켰던 까닭이다. 물리적이든 의식적이든, 모든 고통은 겪는 자 스스로 익숙해지면 이내 잊게 되고 몸 안에 가두어두면 좀체 그 기억의 통증을 소환해내기 어렵기 때문이다, 몸의 괴로움을 정신마저 오래 간직하기란 쉽지 않은 이유다. 육체적 상처도 머잖아 아물 듯, 지금 당장 혹독한 고문과 형벌의 아픔이 폭포처럼 가해져도 의식이 그것을 기억하길 거부하거나 현실의 경험 자체를 인정하고 싶지 않은 탓이라 해석해도 무방할 것이다.

전체주의 연구에서 한나 아렌트가 차지하는 비중은 크다. 그 '크기'는 이 같은 패러독스의 전후맥락과 폭력의 정치적 메커니즘에 관한 냉엄한 해석에서 출발한다. 선악의 양분론에 대한 부정과 그 경계 해체에 관한 '회색지대론'이 그렇고 전체주의를 향한 인간 본연의 전면적·도발적 저항보다 그 이데올로기에 무의식적으로 '매몰—동화—탐닉'하게 되는 동조의 민낯이 처참하다고 보는 엄혹함 역시 매력적이다. 그것은 폭력의 야만성을 향한 인간적 분노보다 그 앞에서 하염없이 비굴해지고 마는 인간의 연약함을 아리도록 건드리는 매서운 자세로 집약된다.

당장의 폭력 앞에 모두가 분노하고 치 떠는 일은 당연했다. 하지만 강자 앞에서 약해지고 순종과 배반에 어느덧 익숙해져가는 자신의 또 다른 얼굴을 읽게 만드는 아렌트의 위력은 그 자체만으로 사상사 안에서 빛난다. 폭력 속의 비이성보다 그 앞에서 처참히 무너지는 인간의 여림fragility과 이를 방기하는 삶의 온갖 조건들을 드러내기 때문이다.

익숙함에 물들어가는 인간의 두 얼굴이 폭력 그 자체보다 더 폭력적임을 강조하는 아렌트가 전체주의의 기원에 의식적으로라도 매달릴 수 있었던 건 '견딤tolerance'의 방편이었을 것이다. 그 과정에서 동포들의 변절과 배반의 고통을 온전히 응시할 수 있었던 것도 실제 경험을 바탕으로 한 자신의 이야기[21]였음은 너무나 유명하다. 훗날 '악의 평범성the Banality of Evil'을 서슴없이 말할 수 있었던 전대미문의 용기도, 그래서 그것이 곧 아렌트의 트레이드마크가 된 저간의 사정도 영화보다 더 영화적인 건 이 장의 밑거름이다. 히틀러를 대신한 세기의 재판에서 유태인 학살의 주범, 아이히만을 쓸쓸히 그리고 허탈하게 면책[22]한 아렌트와 이스라엘 백성들의 맥 빠진 분노를 합쳐 본다면 이를 대체할 드라마는 세상 어디에도 없기 때문이다.

마가레테 폰 트로타가 만든 영화, 〈한나 아렌트〉는 아렌트의 삶에서 가장 뜨겁게 빛나던 패러독스의 나날들을 앵글 중심에 얹는다. 아렌트는 논리 정연했지만, 세상은 정작 어처구니없었고 가눌 길 없는 배신감과 당장이라도 미쳐버릴 것 같은 미움으로 이스라엘은 들끓

21 이본 셰라트 지음·김민수 옮김, 『히틀러의 철학자들 : 철학은 어떻게 정치의 도구로 변질되는가?』(서울 : 여름언덕, 2014), pp. 294-297.

22 이에 관해서는 다음 참조할 것. 김선욱, "한나 아렌트에 있어서 말과 판단의 보편성 문제 : 『예루살렘의 아이히만』을 중심으로," 대한철학회(편), 「철학연구」 제99집(2006), pp. 59-78.

고 있었다. 비유컨대 그것은 '뜨거운 얼음' 아니면 '차디찬 불꽃'처럼 도무지 아귀가 맞지 않는 직소우 퍼즐jigsaw puzzle 같기도 했고 당장은 황당무계하기만 하였다.

뛰어난 동포의 입으로 잔인한 전체주의를 향해 무자비한 보복과 처절한 공격을 기대한 이스라엘의 기대는 여지없이 무너진다. 탁월한 지성의 생각이 본디 한 방향만 가리킬 것이라 생각하는 것도 뭇 사람들의 강한 편견 가운데 하나였을 것이다. 아렌트의 '아렌트다움'도 그녀 자신의 생각의 빼어남 그 자체에 있었다기보다 그것을 읽고 듣는 모두의 가슴 속에 소리 없이 자라나는 '그들만의' 전체주의에서 한층 귀해진다. 어느덧 또 다른 자기검열과 그로써 커져만 가는 자기모멸

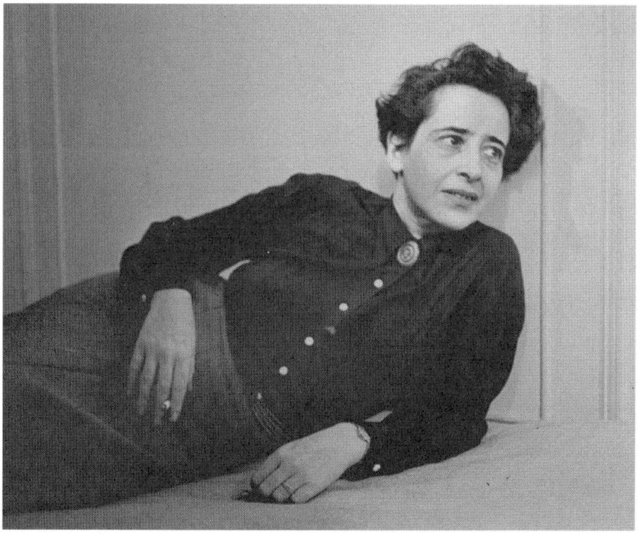

마흔세 살의 한나 아렌트(1949년 모습)

한나 아렌트 : 정치영화로 압축하기[23]

때문에라도 사람들은 아렌트를 바로 볼 수 없었다.

이 같은 사실이 자기연민의 확장이나 깊은 자기성찰을 자극하기보다 종종 철학적 질투나 사상적 비판의 핑계거리가 되는 일도 좀체 문제되진 않았다. 하이데거의 정부情婦였다는 이유로 아렌트의 철학적 정조마저 뭉개버리려 들거나[24] '아이히만은 범인이 아니'라는 정치적 독백의 의연한 정곡正鵠마저 바로 쳐다보지 않으려는 대중의 이중성은 탁월함을 탁월함 그 자체로 인정하고 싶지 않은 집단적 비굴함이었을 것이다.

아렌트의 예외성은 대부분의 지식인들이 빠지기 쉬운 결정론의 함정을 여유 있게 피한다는 사실에서 돋보인다. 이를테면 철학적 사유에 명쾌한 구분은 없다고 보는 자세 말이다. '앎'이란 생각의 상태일 뿐 실체도 경계도 없으며 그 같은 인식의 연장선상에 서면 선악의 카테고리도 마찬가지라는 것. 누가 누구를 벌한다는 문제도 같을 것이란 점.

진태원은 이렇게 말한다.

아렌트가 낯설게 느껴진 중요한 이유 중 하나는 기존의 정치 이론

23 흑백 파일은 다음 참조. http://www.newyorker.com/wp-content/uploads/2013/05/double-take-arendt.jpg (접속일자 : 14/10/22)

24 이본 세라트 지음 · 김민수 옮김, 앞책, p. 285.

의 틀에 따라 분류하기가 어렵기 때문이다. 그는 정치를 개인적 선호의 만족을 위한 수단으로 간주하는 자유주의자가 아니었으며 전통적인 공동체적 유대와 가치를 옹호하려는 공동체주의자도 아니었다. 아렌트가 혁명 전통을 찬양하고 대의 민주주의를 비판한 것은 사실이지만, 그렇다고 해서 그를 사회주의 전통의 사상가로 분류하기도 어렵다. 또한 그가 시민 공화주의 전통에 서 있다고 할 수 있다면, 그것은 매우 독특한 형태의 공화주의임을 인정하지 않을 수 없다. 사실 아렌트 스스로 자신의 입장이 독특하다는 것을 잘 알고 있었다. 그는 당신의 정치적 입장이 무엇인가라는 질문에 다음과 같이 답변했다. "잘 모르겠습니다. …· 좌파는 제가 보수주의자라고 생각하고, 보수주의자들은 때로 제가 좌파라고 또는 괴짜라고 아니면 도대체 알 수 없는 인물이라고 생각하곤 합니다. 저는 제가 여기에 대해 거의 관심이 없다고 말해야 할 것 같습니다. 저는 이런 종류의 분류법을 통해 이 세기의 진정한 질문들이 조금이나마 해명되리라고 생각하지 않습니다." (《이해를 위한 에세이들》) 그럼에도 오늘날 아렌트가 널리 읽히고 많은 연구의 대상이 되는 이유 중 하나는 역설적이게도 바로 여기서 찾을 수 있다. 그의 사상은 기존의 정치이론이 제대로 설명하지 못하는 여러 가지 현상과 문제를 독자적으로 해명하려는 시도들 속에서 형성되었고, 그 고투의 흔적은 오늘날의 철학과 정치이론, 인문학 속에 깊이 새겨져 있다. 전체주의, 이주, 쓸모없는 인간, 시민불복종, 악의 평범성 등이 그 대표적인 예가 될 것이다. 진보사상이 됐든 보수사상이 됐든 그녀가 제기한 질문들을 우회할 수 없다는 점, 그것이 그를 하나의 상징적 기점으로, 새로운 시작으로 만드는 이유다.[25]

그러나 여간해선 이 같은 사고의 유연성이나 인식의 탄력을 인정할만한 대중의 관용은 기대하기 힘겨웠다. 이론적 적실성과 사회적 타당성의 수용이란 생각처럼 쉽지 않았던 셈이다. 생각하기에 따라 그것은 어느 한 사상가의 철학적 위용을 고스란히 인정하기 싫은 자기만의 위선이나 독선 때문이었든지, 아니면 사상적 질투나 정치적 시기의 다른 얼굴로 이해해도 무방하였을 터다. 자기보다 월등한 이들을 온전히 수용하기 힘든 의식적 거부감이 사회 심리적으로 파급되는 건 비단 정치적 사고의 영역에서만 맴돌진 않았다. 영화의 세계에서도 정치적 감각의 지평을 누군가 특이하게 펼치는 일은 간단한 일이 아니었다.

영화감독으로 트로타가 헤쳐 나가야 했던 사회적 편견의 늪이 얕지 않았던 것도 아렌트를 둘러싼 돌팔매와 크게 다르지 않다는 걸 이해하는 건 여기서 특히 중요하다. 그것도 그리 오랜 시간이 필요치 않다는 걸 알게 된다면 더더욱 말이다. 어차피 아렌트의 정치이론 그 자체를 천착하는 게 여기서의 주목적이 아닌 한, 그녀의 사상적 편린

25 http://www.hani.co.kr/arti/culture/religion/641336.html (접속일자 : 14/10/22)

을 영화로 들여다보려는 작업의 한계도 분명하다.[26] 하지만 사회과학의 잣대와 관계없이 정치적 인물의 존재감과 그 생각의 중요성을 영화 미디어 안에 담아 익명의 타자를 인도하며 일정한 방향성 아래 의식적으로 각인하려는 과업은 적어도 '교육과 정치'라는 의제 안에서 공동의 목표를 지향한다.

트로타는 몇 안 되는 여성 정치영화감독 중 한 사람이다. 영화의 정치성을 예민하게 주목한 그녀가 유독 여성혁명가나 여성정치이론가에 눈길을 돌리는 것도 그리 정색할 일은 아닐 것이다. 한나 아렌트를 영화로 압축하기 이전, 로자 룩셈버그에 집중한 것도 당연했다. 다루지 않았더라면 되레 더 이상하지 않았을까. 영화의 인문학과 사회과학의 지평 확장을 위해서라면 이제는 역사가 되어버린 '그녀들' 모두 감독의 출현을 기다리고 있었을 것이란 표현이 차라리 옳을 것이다.

대부분의 영화가 돈 아니면 눈 요기 수단이 되지 못해 안달하던 시절, 탄탄한 정치의식으로 무장하여 영화 만들기에 주력한 인물들이

26 바로 이 점이 둘 중 하나조차 제대로 건지지 못할 장해요인이 될 수 있다는 점도 감안해야 할 터다. 하지만 그 어느 경우라 하더라도 영화감독이, 그것도 '여성' 감독이 정치사상가의 삶을 도드라지게 조명했다는 사실과 이를 둘러싼 인문학적 비중을 폄하하거나 평가 절하하는 일만큼은 경계해야 한다. 왜냐하면 작업 자체의 완벽성 이전에 예술 정치적 무게와 사회 교육적 가치만으로도 긍정적인 의미를 지니기 때문이다.

있었다는 사실은 그나마 다행이다.[27] 영화가 혁명의 총구이자 횃불이었던 때[28]도 있었다. 하지만 영화의 정치적 확장은 세상의 실질적 변화를 이끌기보다 의식화와 간접경험을 위한 교육 미디어로 자기역량(몸값)을 키워온 결과다.

그 노력과 헌신의 길 위에 트로타가 자리한다. 공부하는 사람들에게야 로자 룩셈버그란 이름이 생소할 리 없지만 모두에게 그녀가 상식이길 바란다는 건 무리다. 그렇다면 영화라도 있어 정치사상은 다행이지 않을까. '로자'마저 세상에 알리려 들던 적극성과 그로써 혁명미학이 득세할 여지를 넓힐지 모른다는 우려가 모습을 드러낸 것도 극우적 생각을 버리지 않는 이들이 느낀 트로타의 매력이었을 것이다.

이를테면 다음과 같은 트로타의 고백 속에는 당대의 인문적 질투와 정치적 격정이 잘 묻어난다. 하필 프랑스의 '68혁명' 열기가 대지를 적실 무렵, 뒤늦게 여성혁명가의 삶을 접한 독일의 여성 정치영화감독이라니.

27 트로타의 경우는 다음 참조할 것. Renate Hehr, *Margarethe von Trotta : Filmmaking as Liberation* (Stuttgart : Ed. Axel Menges, 2000), pp. 38-42.

28 http://chosun.com/premium/news/200408/200408030035.html (접속일자 : 14/10/22)

> 내 기억으로 1968년은 우리 모두가 정치적으로 긴장했을 때였다. 나는 그 때 로자의 책을 읽고 있었다. 나는 그 글 뒤에 숨어있는 여성을 생각하며 언젠가 그녀의 일생을 영화로 만들겠다고 다짐했다. …· 몇몇 역사가들은 내 영화가 매우 부족하다고 말한다. 나는 역사물을 만들거나 로자의 완벽한 초상을 그리는 게 목표가 아니었다. 나의 영화로 인해 로자 룩셈부르크에 대해 알 수 있는 기회가 되길 바란다.[29]

영화, 〈로자 룩셈부르크(1986)〉가 하필 68혁명을 단서로 삼는다는 연대기적 대칭성은 그만두더라도 마가레테 폰 트로타의 역사 정치적 문제의식이 한나 아렌트로 이어지는 건 당연하다. 할 말은 남김없이 하고야마는 두 여성 정치 사상가들의 인식세계와 그에 담긴 공약수를 추출해내는 감독의 영화제작방식이 일치하는 것도 서양영화사에서 보기 드문 현상이다. 모두가 일정한 사안에 반대할 때 홀로 찬성의지를 표명하거나 전부가 지지하건만 혼자 거부의 뜻을 오롯이 드러내는 일은 말처럼 쉽지 않기 때문이다. 사상적 독특함을 중심으로 기

29 「노해연」 제30호; http://swl.jinbo.net/bbs/zboard.php?id=data&page=7&sn1=&divpage=1&sn=off&ss=on&sc=on&select_arrange=reg_date&desc=desc&no=1137 (접속일자 : 14/10/22)

질과 행태마저 도드라지게 부각시킴으로써 두 인물의 존재감은 물론 정치적 중요성을 다시 강조하는 데 주력한 것도 이런 이유에서다.

스콜세지M. Scorsese에게 드 니로R. De Niro가 있듯, 트로타 곁에 수코바Barbara Sukowa가 있는 것도 영화적 우연치곤 행복이다. '영화'와 '정치사상'은 같은 잣대로 잴 수 없지만 서로 다른 정치적 인물들에서 찾을 수 있는 치명적 유사성을, 그것도 같은 배우에게 연기하도록 주문하는 감독의 판단은 고집스레 일치한다. 게다가 이를 관통하는 '극적 극단성' 역시 세 인물 모두 여성이란 이유만으로 바라볼 일도 아니다. 혁명의 정치사상을 단지 페미니즘만으로 들여다보면 성적 편견은 논의의 본질을 갉아 먹을 여지를 만들기 때문이다.[30]

1960년대, 라이너 베르너 파스빈더와 베르너 헤어조그, 빔 벤더스 등이 뉴 저먼 시네마 운동[31]을 벌일 때 이미 연기활동을 시작한 트로타는 한나 쉬굴라Hanna Schygulla 등과 함께 당대의 사회현실을 바꾸는데 정치가 별 도움이 되지 않음을 영화언어로 표현한다. 그녀의 '영화정치화'가 시작된 셈이다. 세상을 바꾸려는 그녀의 시도가 혁명이

30 이에 관한 이론적 논의들로는 다음 연구 참조할 것. Laura Pietropaolo and Ada Testaferri, eds., *Feminisms in the Cinema* (Bloomington, IN.: Indiana University Press, 1995).

31 운동의 영화 이론적 기초로는 Timothy Corrigan, *New German Film : The Displaced Image* [revised & expanded ed.] (Bloomington, IN.: Indiana University Press, 1994) 참조할 것.

라는 고비용 채널보다 필름의 정치력 강화라는 우회적 경로로 방향을 튼 이유는 분명치 않다. 하지만 교육과 계몽이 참여와 변혁 못지않게 중요하다고 판단한 결과였으리란 추론은 얼마든지 가능하다.

그것은 사랑과 존경을 넘어서는 주관적 흠모로 두 사상가를 향한 감독의 지극한 의지가 돋보인다. 길어야 두 시간 남짓 '그녀들'의 모든 걸 담기란 혁명보다 힘겨웠을 것이다. 두 여인이 지닌 극단적 순수와 타협불능의 진지함을 앵글 위에 올려놓는 건 그러나 감독에게 매우 중요했다. 견디기 어려운 세상의 돌팔매를 감수해야 했던 현실과 이 땅에서 사라져주는 것만이 남은 자들의 대안이었던 당시 상황을 고민하는 영화에서 중요한 건 따로 있었다. 그것은 성공 여부를 알 수 없는 혁명 그 자체에 몰입하는 게 아니었다. 가능하다면 굴곡진 삶 그 자체를 세상에 분명히 알리는 일이었다. 그들처럼 똑같이 살 수 없다면 경험의 궤적을 훑는 일은 무엇과도 대체할 수 없는 드라마틱한 학습이었다.

영화의 타이틀 자체가 군더더기 없는 그녀들의 이름만으로 구성된 작품의 주연을 같은 배우가 맡는다는 건 여러 의미를 지닌다. 그것은 감독의 의지를 가장 잘 읽는다는 연기자로서의 능력을 넘어 수코바 자신이 로자나 아렌트와 꼭 같은 독일인이었다는 사실에서 더욱 도드라진다. 인물의 이질성을 극적 동일성으로 이겨내려는 감독의 뜻도 여기 담겨있음은 두말할 필요가 없다. 스타일과 분위기는 전혀 다르지만 연기행위를 통해 바로 그 '다름'의 캐릭터를 소화하는 수코바에게 전체주의의 폐해와 극좌 공산주의의 목표는 천연스레 내면화해야 할 항목으로 빛을 발한다.

앞서 지적했듯이 아렌트의 사상적 입지점은 좌파나 우파 어느 한 꼭짓점 위에 올려놓기 힘들다. 전체주의를 비판한다고 하여 사회주의자라고 보기도 힘들고 폭력에 깃든 비인간성을 공격한다고 해서 그녀를 쉽게 자유주의자로 단정하기도 어려운 까닭이다. 그런 삶을 연기했던 배우가 누가 봐도 극명한 좌파, 그것도 극좌파의 팽팽한 신념 위에 불퇴전의 기백으로 자신의 거점을 마련한 또 다른 캐릭터를 내면화할 수 있었다는 건 그 자체만으로 예사롭지 않다. 기왕에 입력된 인물의 이미지를 완전히 삭제하고 새로운 캐릭터를 충분히 인입引入시켰다손 치더라도 동일한 배우가 서로 다른 시기의 두 사람 성격과 그들의 삶을 기꺼이 연기할 수 있었던 것은 로자와 아렌트를 관통하는 지독한 진정성 때문이었을 터다.

자신의 논리적 정당성을 또렷이 부각시킴은 물론 온갖 반대와 정치적 박해가 물밀듯 다가와도 끝까지 밀어붙이는 열정만은 거짓처럼 일치한다는 점에서 '둘'은 극명하게 닮아 있다. 하지만 만년의 농익은 연기를 통해 아렌트를 녹여내는 수코바의 몸짓이 젊은 날 로자를 그리는 일보다 한결 가까이 다가오는 건 혁명의 극단성을 추구하는 한 여인의 절규보다 한나의 정치적 주장에 담긴 논리적 적실성과 그 매력 때문일 것이다.

대중의 자발적 봉기를 혁명의 정통성으로 이해하는 로자의 급진적 순수도 얼마든지 영화적 극단성을 드러내는 콘셉트이지만, 선과 악을 예리하게 나누지 않고 '생각의 상태the State of Thinking'가 빚는 무정형의 결과로 이해하는 아렌트의 자세는 훨씬 인간적이다. 레닌이 그다지도 부르짖던 프롤레타리아트 독재의 정수리에 서늘한 칼날을 들이민 로자의 길지 않은 삶이 돋보이는 건 그래서 더 애틋하다. 하지만 유대인을 학살한 장본인은 아이히만이 아니라 그의 무미건조한 관료적 명령을 방조·방임한 이스라엘 동포들이었다는 한나의 목소리에도 극적 긴장은 넘쳐나고 있었다.

수코바가 주연한 〈한나 아렌트(2012)〉는 1961년 이스라엘의 모사드Mossad가 나치 전범 아돌프 아이히만을 부에노스 아이레스에서 납치해 예루살렘 법정에 세웠을 때 「뉴요커*The New Yorker*」지의 요청으로 한나가 현지에서 직접 취재하던 시절을 배경으로 삼는다. 한나의 당시 나이 55세였고 연기 당시 수코바가 62세였고 보면 역할의 이해와 액팅의 자연스러움은 당연했던 터다. 널리 알려진 대로 한나는 유대계 독일인으로 나치를 피해 미국으로 망명한 정치철학자다. 같은 독일인으로 영화에서 완벽한 독일어를 구사함은 물론, 수코바는 영어도 능란하게 사용하며 한나와의 극적 동일시 효과를 강화한다.

아이히만의 단죄는 훗날 숱한 논란과 찬반의 진영논리를 양산한다. 앞서 지적한대로 한나의 '악의 평범성' 주장이 논쟁의 불씨를 당겼고 찬반 진영으로 하여금 격렬한 적실성 다툼을 불러 일으켰던 사실도 이제는 역사다. 나아가 그것이 '생각 없는 군사관료'의 무개념적 관행으로 굳어지고 주변의 맹목적 추종마저 반복되는 동안 죄의식 자체가 솟구칠 계제가 아니었음은 그 자체만으로 극적 예외성을 지닌다.

젊은 수코바(36)의 '로자' 되기

전범들의 일괄 기소도 시원찮았던 마당에 기왕의 역사적 분노를 일거에 뒤집는 이 같은 예외성은 충격적이다. 그것도 이스라엘인들의 심정에 맹목적으로 동조하기보다 아이히만의 무정無情과 무심無心을 먼저 '이해하려 드는' 아렌트의 단호함이라니. 그것은 일상의 개인적 울기나 화火와는 견줄 수 없는 상호 주관적 이해의 틀 속에서 살필 일이다. 아렌트가 아이히만을 '이해한다'고 하여 그에 대한 원초적 분노와 미움마저 배제하겠다는 건 아니었다. 용서 또한 단호히 아니다. '아이히만을 이해함'은 그 수준을 훨씬 넘어선 철학적 상상과 인간적 대입의 결과였다.

법정의 냉엄한 열기를 영화대사로 추적해보자.

호송관 : 일동 기립 !!!

검찰관 : 존경하는 법관 여러분. 아돌프 아이히만을 고발하는 이스라엘 검찰관으로 이 자리에 섰으나 저는 혼자가 아닙니다. 6백만의 고발인이 함께 있습니다. 하지만 그 사람들은 제 발로 딛고 설 수 없고 저기 있는 피고를 가리킬 수도 없습니다. 그들은 그를 고발한다고 외치지 못합니다. 아우슈비츠의 언덕과 트레블링카의 들에 재가 되어 흩어지고 폴란드의 강에 뿌려졌습니다. 유럽 도처에서 무덤이 발견됐습니다. 피어린 그들의 울부짖음을 우리는 들을 수가 없습니다.

아이히만 : …· 네, 읽어보니 이송 중에 15명이 죽었군요. 이 기록만으로는 4B-4 부서의 책임이라 할 수 없습니다. 지방 당국의 지

침에 따른 겁니다.

검찰관 : 이 명령을 총통이 내렸다고 하네요. 왜 그 담당 장교가 …. 명령을 받은 장교가 하필 아이히만입니까? 왜 아이히만이었죠? 총통은 티크베어랑 연락할 방법이 없어서 아이히만에게 연락했나요?

아이히만 : 문서는 분명히 지방경찰본부에서 4B−4 부서에 요청한 겁니다. 연속 과정에서 일을 접수했고 중계 업무를 처리한 겁니다. 전 지시대로 했습니다. 명령을 받고 명령에 따랐습니다.

검찰관 : 피고의 결정으로 수많은 사람들이 열차에 오르지 않았습니까!

아이히만 : 명령이었습니다. 생사에 관계없이 명령을 집행한 겁니다. 제가 한 일은 행정절차의 작은 역할입니다. 열차가 움직이도록 하는 다른 역할은 다른 부서에서 실행했습니다. 재판장님. 왠지 석쇠에 오른 스테이크의 기분이군요. 사실 증거가 거의 없어서 철저하게 증명할 수 없는 사소하기 짝이 없는 문제로요.

훗날 격한 논란의 불씨가 되는 아렌트의 아이히만 '이해'는 아이히만을 아이히만의 입장에서 바라보려는 쉽지 않은 용기를 요구한다. 그것은 '생각하지 못하는', 아니 아예 '생각 자체가 없는' 한 존재를 향한 색다른 단죄로 자리매김한다. '생각 없는 자'를 앞에 두고 '다시 생각함'은 이스라엘 백성은 물론 아우슈비츠의 기억이 또렷한 모든 이들에겐 혹독하기만 한 철학적 배려였다. '생각 없는 존재'라는 단언

斷言의 파장은 그래서 엄혹했다.

그의 '생각 없음'을 자세히 나눠보자. 김선욱은 이렇게 말한다.

> 아이히만에 대한 아렌트의 판단은 서로 긴밀히 연결된 세 가지의 무능성, 즉 말하기의 무능성, 생각의 무능성, 그리고 타인의 입장에서 생각하기의 무능성이다. 그런데 이 가운데 세 번째의 무능성은 곧 판단의 무능성을 의미한다. 그리고 판단능력이란 옳고 그름을 가리는 능력을 의미한다. 그런데 판단이란 사유와 의지와 마찬가지로 모든 사람이 가지고 있는 선천적인 능력으로 아렌트는 이해하고 있다.[32]

그렇다면 그는 일상의 사회적 판단능력이나 적어도 양심에 따른 자기행동의 자율적 조절이 아예 불가능했다는 분석이 가능하다. 하물며 자기 부모 또한 반역자라면, 그래서 총통이 '죽이라' 명령했다면 '기꺼이 따랐을 것'이라는 아이히만의 답변은 이 같은 헤아림에 힘을 더한다. '판단중지'가 아니라 원천적 '사유불능'의 상황이 그를 덮쳤다 해도 지나친 표현은 아닐 터다.

히틀러가 지상에서 사라진다면 그때는 모두가 자동으로 풀려날

32 김선욱, 앞글, p. 65.

것이라는 군사 관료적 답변은 그가 영락없는 군인, 그것도 명령에 살고 명령에 죽는 한낱 전쟁기계의 부품에 지나지 않았음을 웅변처럼 반증한다. 자율적 판단은 물론 생각할 수 있는 능력과 언어구사력 없이 단지 관청용어와 명령체계 만으로 '절대수동' 상태의 한 인간이 삶의 관행을 유지할 수 있었다는 것. 그것이 이 영화의 키워드다.

정치적 순응과 기계적 복종 관행은 독재체제가 은폐하려는 폭력의 의지보다 더 해로운 요소로 아렌트를 압도한다. 단지 '조짐'이 아니라 그 같은 일들이 엄연한 '현상'으로 눈앞에서 벌어지고 있음은 놀라움의 경지를 넘어선다. 재판정을 메운 이스라엘 관중들의 매서운 눈길을 의식하며 유리 칸막이 안에 앉아 있는 자신의 처지가 마치 '석쇠 위에 올려 진 스테이크' 같다고 서슴없이 표현하는 아이히만의 모습은 아렌트에게 꼭 '감기든 유령'같았다. 무섭지도 않고 보잘 것도 없는 무심한 관료로 말이다.

영화 속으로 다시 들어가 보자.

아이히만 : 공무원은 충성서약을 합니다. 서약을 어기는 건 해악입니다. 이 생각은 여전합니다. 법정에서는 진실을 말하도록 서약하고 그와 같은 심정입니다. 서약은 서약입니다.

검찰관 : 충성서약을 했는데 히틀러가 죽으면 서약에서 풀려납니까?

아이히만 : 히틀러가 죽으면요? 그야 저절로 다 풀려날 겁니다.

검찰관 : 경찰조사에서 부친이 반역자라고 총통이 말했으면 직접 쏘

겠다고 했다는 게 사실입니까?

아이히만 : 네 반역자라면 ····

검찰관 : 아니, 총통이 말했으면요. 부친을 사살했을 겁니까?

아이히만 : 입증이 된다면요. 만약 증명했다면 맹세에 따라 쐈을 겁니다.

검찰관 : 누가 증명했나요? 유대인을 죽여야 한다고.

아이히만 : 난 죽이지 않았어요.

검찰관 : 임무와 양심 사이에서 갈등한 적도 없습니까?

아이히만 : 분열이라고 해야겠죠.

검찰관 : 분열이요?

아이히만 : 그것도 의식적인 분열, 한쪽 입장에 있으면 다른 쪽이 두려워지고 그 반대도 마찬가지죠.

검찰관 : 양심을 포기했나요?

아이히만 : 뭐라고요?

검찰관 : 양심, 개인적인 양심을 포기해야 했나요?

아이히만 : 그렇게 말할 수 있죠.

검찰관 : 좀 더 용기 있는 공직자였으면 모든 게 달라졌을 겁니다. 아닙니까? 대답해요 ····

아이히만 : 용기에도 서열이 있다면 당연히 그랬겠지요, 네.

검찰관 : 그러니까 그런 결과가 나온 게 운명은 아니군요. 오히려 인간적 태도의 문제겠네요.

아이히만 : 물론 그랬습니다. 격변의 전시였고 '저항해야 소용없다'

고 모두들 생각했습니다. 새 발의 피죠. 자기만 손해고. 아무 소용도 의미도 없고 성공할 가망 없이 실패할 거라고 생각했습니다. 그러니까 시대도 약간은 그와 관련이 있다고 생각합니다. 그 시대에 어떻게 아이들에 게 이념교육을 시키고 엄한 규율로 잘 키우느냐 처럼.

아렌트에게 궁극의 관심은 '악the Evil의 문제'였다. 하지만 악의 문제를 본격적 화두로 삼게 만든 계기는 살아있는 악마를 악마로(조차) 인식하지 못한 한 인간의 '생각의 부재'였다. 그것도 지극히 평범한 한 개인의 특출한 무능을 도드라지게 했던 전체주의의 결과물로 말이다. 생각해야 할 인간이 도무지 생각하지 않거나, '생각'이 무엇인지 아예 생각할 수 '없었던' 절대무능의 문제는 그래서 '악' 그 자체를 뛰어넘는 더 큰 패악이었던 셈이다.

이처럼 생각의 문제로 귀결되는 철학적 대상은 적잖았다. 그녀가 굳이 '사상가'라는 세상의 허울을 의식해야 했기 때문이라기보다 지상의 모든 인간들이 거쳐야 할 사유와 판단의 경로를 다시 '생각할' 훌륭한 모멘텀을 제공했다는 이유만으로도 아렌트는 주목대상이 된다. 선악의 화두도 따지고 보면 '생각의 상태'일 뿐, 수많은 철학자들이 하염없이 고민한 선험적 명제니 경험적 실체니 하는 '틀에 박힌' 이미지 속으로 끌고 갈 문제는 아니었다는 것이니까.

'생각한다denken'는 삶의 항목을 부각시키는 감독이 '아렌트–하이데거'의 사랑이야기 또한 빼놓을 리 없었다. 하물며 아렌트의 이 같은 사상적 '생각'이 단순한 사랑을 넘어 존경과 흠모의 정념으로부터 비롯된 것임을 알리려는 뜻에서랴. 젊은 아렌트는 스승의 철학 강의에 깊이 빠져든다. 느닷없는 플래시백이 앞뒤의 아이히만 재판과 정교하게 엮이는 이유도 어림하긴 그리 힘들지 않다. 이것만으로 하이데거를 향한 아렌트의 마음을 '사랑'이라 단순 재단하긴 어렵지만 (상식에 의해 이를 추단하기보다) 훗날 그녀가 겪는 고초의 철학적 단서[33]가 온전히 자신의 것만이 아니었음을 감독은 애써 강조한다.

하이데거 : 사유는 과학처럼 우리를 지식으로 이끌지 않습니다. 사유는 우리에게 쓸모 있는 처세술을 가르쳐주지 않습니다. 사유로는 우주의 수수께끼를 풀 수 없습니다. 사유는 행동할 어떤 직접적인 힘도 주지 않습니다. 우리는 활동하기에 살아 있고 사유하는 존재이기에 생각합니다.

아렌트 : 이성과 열정을 대립적으로 여기는데 너무 익숙한 나머지 사유와 활동성이 하나가 되는 열정적인 사유라는 새로운 개념이 제가 보기엔 좀 섬뜩해요. 죄송합니다.

하이데거 : 아니 괜찮아, 한나 !

33 이를 굳이 '인식론적 기초'로 바꿔 말할 필요도 없으리라.

그렇다고 아렌트의 기발한 생각의 근원을 어찌 한사람으로만 몰고갈 수 있겠는가. 사상의 단서를 철학으로 채근하는 일도 힘겨울 테지만 설령 그것이 가능하다 해도 생각의 한계는 사람마다 다르고 그에 따른 행동의 경로와 결과론적 책임도 고정적인 '생각' 그 자체로만 소추할 수는 없을 것이다. 하이데거는 아렌트를 가르쳤지만 전시 독일에 대한 둘의 생각이나 그 이후의 당국을 향한 '그것'이 온전히 같지 않았던 이유이기도 하다.

한 사람의 생각이 '그'를 제외한 많은 이들의 예측과 기대를 저버릴 때 그로써 빚어질 심리적 혼돈과 실망을 잠재울 사회적 장치는 세상 어느 곳에도 없다고 보는 게 옳다. 그럼에도 불구하고 어느 한 쪽도 자신의 '생각'을 쉽게 바꾸려 들지 않을 때 이른바 사상적 갈등이 노골화하는 건 아렌트 역시 피하지 못할 과제였다. 갈등이 두려워 할 말 못하는 소심함이나 세상여론의 후파後波를 미리 의식하여 전략적 언사에 능한 정치적 인간들의 극단적 대척점에 기꺼이 그녀가 서는 까닭이다.

유태인이 아니었다 하더라도 세상 사람들은 아이히만을 향한 아렌트의 생각이 그처럼 철학적으로 승화될 것이라곤 내다보기 어려웠다. 분노의 돌팔매나 당연히 사형 언도를 부르짖는 대신, '악의 평범성' 같은 고매한 콘셉트로 히틀러의 기계적 복종자를 대하는 자세가 극히 싫었던 셈이다. 게다가 익명의 대중들이 견디지 못할 심사에 시달렸던 건 곧 말 속의 진실과 그로 인한 양심의 가책 때문이었을 터다. 자신이 생각하지 못했던, 아니 '생각은 하였으나' 감히 발설할 자신과 믿음의 도저한 약함 때문에 생겨난 심리적 대가였을 것이다. 혼히들 말하는 '불편한 진실'일 수도 있고 그것이 맞지만 온전히 기대거나 흔쾌히 지지하기란 힘겨운 '편찮음' 때문에라도 누가 먼저랄 것 없이 원색의 군중심리에 올라 타 자신의 불화살마저 미움의 해결수단으로 악용하려는 사회적 관행이 퍼질 수 있었던 것이다.

원망과 불편함을 함부로 섞고 진실과 사실의 경계 역시 분간하기 싫어한 사회 심리적 혐오는 1963년, 아렌트가 넘어야 했던 사상 갈등의 치열한 단면 가운데 하나다. 덧없는 여론권력과도 맞서야 했던 아렌트에게 그 일은 단순한 심리적 부담을 넘어서는 학문적 당위였다. 사상이 용기와 열정만으로 구축되기 힘든 생각과 의지의 결정체임은 여기서도 분명하다.

진실을 알리고 스스로 변론하려는 고단한 과업에 기꺼이 자신을 바치는 일은 그녀만의 오만과 편견이 아니었다.[34] 그것은 꾸준한 생각

34 진실을 올곧게 말하는 것은 그 자신에게나 타자에게 모두 위태로울 수 있다. 대가가 뒤따르기 때문이다. 우선은 그 같은 발설이 사리에 합당한 것인지, 혹은 사실 자체로 입증될 수 있는 것인지의 물음 때문에 주체와 대상 모두 부담스럽지만 일단 말하고 나면 평생의 낙인과 상처가 서로에게 깊은 부담이 될 수 있다는 사실도 배제하지 못한다. "다른 모두를 향한 어느 한 사람의 '맞섬'은 항시 가능하다. 하지만 이 같은 행위는 그(녀)가 홀로 현명하거나 나머지 모두 어리석어서가 아니라 그 누군가의 사유작용과 탐구에 의해 끝내 밝혀지는 진리로 가능해진다. 한가지든 두 가지든 혹은 그 이상이든 한 인간은 모종의 진실을 추구하며 발견하게 된다." Hannah Arendt, *Denktagebuch*, Book XXIV, No. 21; http://www.hannaharendtcenter.org/?p=12071 (접속일자 : 14/12/09)

과 발견의 결과였던 까닭이다. 하지만 욕설은 물론 거침없는 용어로 '비판'과 '비난'을 구분하려 들지 않던 이스라엘인들에게 (또 한명의 이스라엘 여인인) 아렌트는 단지 나치의 창녀이자 교만의 화신에 지나지 않았다. 이 같은 공격에 트라우마는커녕 거의 내파內破 수준으로까지 내몰린 돌팔매 앞에서도 끝내 의연했던 건 웬만한 상처쯤 능히 견뎌낸 그녀로서 당연한 일이었다.

자신을 향한 극단의 공격에 흔쾌히 '대듦'과 '맞섬'은 훗날 자신의 폭력이론을 오롯이 세우는 전조前兆로 영락없었다. 『폭력론』에서 급기야 아렌트는 이렇게 단정하고야 마니까.

> 권력의 극단적 모습은 '하나에 대항하는 전체All Against One'다. 그리고 폭력의 극한은 '전체에 대항하는 하나One Against All'다. 특히 후자의 경우, '도구' 없이는 성공하기 어렵다.[35]

그녀의 정치철학이 일관성을 취하는 까닭과 정작 그 자신이 치러야 했던 상황의 한결같은 혹독함이 늘 인과관계를 갖는 건 아니다. 후자는 결코 전자를 자동 담보하거나 그 꾸준한 원인일 수 없기 때문이다. 그보다는 차라리 생각의 독특함과 지독스런 근면함 혹은 배전

35 Hannah Arendt, *On Violence* (New York : Harcourt, Brace & World, 1970), p. 42.

倍前의 집중력으로 가능했고 '변절'과 '자기부정'의 연약함 역시 떨칠 수 있었다. 모두가 한곳을 바라보며 맹목의 자세를 바꾸려들지 않을 때 홀로 곧은 자세를 취하며 그에 맞서기란 좀체 어려운 일이 아니(었)다. 그 같은 맞섬이 '정의롭다'고 끝내 세상이 인정하거나 논리의 강고한 정당성을 오래도록 지탱할 철학적 힘을 얻으려면 그보다 더 오랜 시간이 필요했다. 게다가 홀로 폭력적이어야만 했던 아렌트의 무기란 외로운 철학적 '의지'밖에 따로 휘두를 그 무엇조차 손에 없었다.

이 같은 비범한 고통은 재판 관찰 이후 자신의 생각을 책으로 밝힌[36] 후 더욱 노골화한다. 홀로코스트 같은 역사 속의 악행은 광신자들이나 반사회적 인격 장애자들이 저지르는 게 아니라 국가에 순응하며 자신들의 행동을 지극히 보통이라고 여기는 '평범한 사람들'에 의해 행해진다는 주장은 자칫 분노한 유대 군중들에게 '악'의 희석을 뜻하거나 행위의 주체를 용서할 수 있으리란 해석도 얼마든지 가능하게 한다.

앞서 정리했듯, 아이히만의 무능은 '말의 무능, 생각의 무능, 판단의 무능'으로 압축된다. 뿐만 아니라 인간의 악행은 아이히만처럼 희한한 존재가 감행하는 의식적 행위가 아니고 모든 인간이 누구나 되풀이할 수 있다는 주장을 기정화한다. 그것이 '악의 평범성'을 되짚는

36 한나 아렌트 지음 · 김선욱 옮김, 『예루살렘의 아이히만』(고양 : 한길사, 2014).

아렌트의 논리다. '어떤 것이 옳고 그른지 생각하지 못했던 무능함'이 양심의 가책조차 느끼지 않고 유대인을 학살한 '악의 원천'이었던 셈이다.

이렇게 되니 악인의 철학적 기준이 대폭 낮아짐으로써 아이히만의 단죄는 물론 범행의 비중 결정과 양형 모두 약화될 수밖에 없었다. 기왕의 악인에 대한 미움은 그만두더라도 의도치 않았던 정신적 고통과 불만대상도 커져가고 있었다. 미워했던 대상을, 아니 앞으로도 미워해야 할 사람을 더 이상 미워하지 못하게 만든 정작 '그'가 이제는 더 미울 수밖에 없는 노릇이었다. '용서'라는 단어라곤 단 한마디 사용한적 없던 아렌트가 이미 그 같은 언어에 익숙해져버린 인물인 양 버거운 짐을 져야만 했던 것도 모두 '악의 평범성' 때문이었다.

하지만 이 같은 주변적 문제에 신경 쓰거나 그로써 자신의 이론을 수정할 아렌트가 아니었다. 애당초 「뉴요커」로부터 재판 참관을 권유받았던 그녀가 자신의 생각을 발표해야할 의무 앞에서 초연했음도 놀랄만한 일은 아니다. 1963년 2월 16일, 아렌트는 「뉴요커」에 이렇게 쓴다. 영화가 이를 놓치지 않는 건 지극히 당연했고.

> 악을 악마적인 것으로 생각한다. 그 화신이 사탄이다. 그러나 아이히만의 경우 거창한 악마의 흔적이라곤 없다. 단순히 생각을 하지 않았다. 중요한 사건 없는 단조로운 일상 속에서 아돌프 아이히만은 역사의 바람에 날아갔다. 시대의 회오리바람 속에 천년제국의 행렬로 날아간 잎새였다. 순전한 무심함이었다. 어리석음과는 다른

이유로 20세기 최악의 범죄자중 하나가 됐다. 단순히 '생각'을 하지 않았던 때문이다.

막상 '악의 평범성'을 견디기 어려워 할 사람들은 따로 있었다. 아이히만이라는 자연인 하나가 아니라 악인의 범주가 하염없이 넓어지는 걸 바라보아야 할 유대인들은 자기네 민낯을 후려치는 정치철학자의 글에 아연해질 수밖에 없었다. 생각 없는 인간의 '무지하고 무능하며 무책임한' 행위가 악의 평범성을 더욱 도드라지게 만드는 병원체라면 군사폭력 뒤에 숨어 그들의 명령을 집행하고 만행을 외면하며 맞섬은커녕 아무런 저항의 말 한마디 하지 못한 채 순응과 추종의 나날을 보내야 했던 유대 동포들의 병세는 완연했던 셈이니까.

영화는 「뉴요커」 편집진의 입을 빌려 아렌트의 글을 다시 스크린으로 옮긴다.

어느 유대인 거주지든 인정받는 유대인 지도자들이 있었고 이 지도부가 거의 예외 없이 어떤 식으로든 어떤 명분으로든 나치와 협력했다. 사실대로 말해 유대인들이 지도자 없이 비조직적이었다면 혼란과 큰 고통을 겪었겠지만 450만에서 600만이라는 숫자의 희생자는 나오지 않았을 것이다.

헤일 수 없는 야유와 비난이 어느덧 부메랑 되어 가장 민감한 부분을 후벼 파는 송곳으로 바뀔 때 냉정한 철학자의 비판은 결국 고통이 되고 있었다. 아이히만이 유대 동포들을 가스실로 보내던 '그 순간 그대는 어디서 무엇을 하고 있었는가'로 집약되는 이 물음은 누구도 피치 못할 자기검열계기로 모두에게 다가갔기 때문이다. 그리하여 뒤늦게라도 치열하게 자신을 돌아볼 반성의 모멘텀이 될 수 있다면 악의 평범성은 곧 자신에게도 적용되는 보편의 철학개념이었다.

누가 누구보다 더 악했거나 덜 착했다는 비교 우위의 문제도 악의 평범성 앞에서는 무력해진다. 누구라도 순간 악해질 수 있고 그로 인한 가책에서 끝내 자유로울 수 없기 때문이다. 그렇다면 선과 악은 경계 구분이 선명하거나 일정한 가치의 질량을 절대 반영하는 '부피'와 '영역'의 대상이 아님을 알 수 있다. 아렌트에 따르면, 그것은 단지 생각의 내용일 따름이다. 구태여 환원하자면 '마음의 상태'로 표현 가능한 문제일 뿐, 가시적이거나 물리적인 콘셉트도 아니다. 경계도, 구분도 애매하기 이를 데 없는 '조건 속 상태'로 말이다.

이에 동의한다면 600만이 넘는 유대인들을 '죽이라' 명령한 자가 저지른 '악'과 생각 없이 집행한 사람의 그것을 단순 대비할 수는 없다는 '생각'에 이른다. 뿐만 아니라 악의 지평이 한없이 펼쳐져 그걸 바라보거나 알고 있음에도 아무 것도 할 수 없는 사람들을 어찌해야 하는지 본원적 물음 역시 떠오른다. 양심을 뒤엎는 공포와 주눅이 판치는 경우마저 따져야 한다면 단죄대상에 이들도 포함시켜야 한다는 역사의 당위는 어찌해야 할 것인가. 이른바 비동非動inactive silence의 심리학이 학살의 정치학을 도리어 질리도록 압도한다는 사실 말이다.

이즈음 정리해 보자. 히틀러가 나쁜가, 아니면 아이히만이 더 고약한가. 아니, 알면서도 모른 척 눈감은 무진장한 인간들의 거짓 '착함'이 가장 악한가.[37] 모두가 '1'의 값을 지닌다면 악의 평범성은 '진단'과 '분석'을 위한 개념일 뿐, 악에 물든 인간을 건질 수는 없는 궁극의 철학용어로 인식해야만 하는 걸까. 종교도 의학도 감당 못할 악의 문제라면 이 척박한 시대에 철학이 구원할 인간 세상의 질곡은 아직 등장하지 않은 새로운 학문과 지식에 물어야 할 다음다음의 문제인 걸까.

선과 악이 겹치는 때도 허다하다면 가치의 회색지대 역시 불가능한 건 아닐 것이다. 하지만 그 또한 생각하는 인간이 저지르게 되는 혼돈과 방황의 다른 경우일 뿐, 고정 불변의 독자성을 지니거나 근본적 삶의 주제로 여겨야 할 일은 아닐 터다. 사상과 철학이 존재했던 이제까지의 이유가 모든 경우의 수를 두둔해주기 위해선 아니었을 테니까. 삶의 마지막 이유는 사람의 착함 때문이니까.

여기서 아렌트는 당연히 또 한 사람의 동시대인을 부른다. 수인囚人번호 174517, 프리모 레비다. 중계업무를 처리했을 뿐이라는, 명령을 받고 명령에 따랐을 따름이라는 아이히만의 최후진술을 끝까지 지켜

37 오죽하면 "악이 승리하기 위해 반드시 필요한 것은 선한 자들의 침묵이다All that is necessary for evil to triumph is for good men to do nothing."라고까지 말할 정도의 에드먼드 버크E. Burke였으랴. 전쟁 기간 중 선한 독일인들의 정치적 침묵이 만든 오욕의 역사에 관해서는 다음 참조할 것. 밀턴 마이어 지음·박중서 옮김, 『그들은 자신들이 자유롭다고 생각했다』(서울 : 갈라파고스, 2014).

봤던 아우슈비츠 생존자다. 앞서간 이들의 격정과 몸부림이 다시 먹먹해지는 까닭이다. 아렌트가 철학적 사유로 죽음의 폭력을 돌아보는 데 충실했다면, 프리모 레비는 또렷한 기억과 회상으로 당시를 경험적으로 복원한다.[38]

그는 살아남았다는 수치심으로 목숨을 다하는 날까지 괴로워한다. 그때 같이 죽었어야 했다는 생각은 망령이자 강박으로 새삼스러웠지만 '같은 인간'이란 부끄러움은 그가 평생 감당해야 했던 등이 휠 것 같은 생존의 무게였다. 회상의 기록은 역사의 단초로 남지만 죽음의 문턱에서 남기는 잠언은 살아남은 자들의 가슴을 친다. "과거에 이런 일이 일어났다. 그러므로 그런 일은 다시 일어날 수 있다." "내가 아우슈비츠의 시간을 경험하지 않았더라면 절대 글을 쓰는 일은 없었을 것이다."

레비의 마지막 증언은 아렌트의 철학적 사유를 거울처럼 되비친다. "사람들은 사실을 모르는 게 아니라 알기를 거부한다." "우리는 우리의 개인적 경험을 넘어 집단적으로, 근본적으로 중요하고 예기치 못한 사건의 증인이었다. 예기치 못한 일이기 때문에 근본적으로 중요한 것이다." 천착할수록 같은 내용의 다른 표현임을 알 수 있지만

38 그 결과물이 다음 책이다. 프리모 레비 지음 · 이소영 옮김, 『가라앉은 자와 구조된 자*I Sommersi e i Salvati* : 아우슈비츠 생존작가 프리모 레비가 인생 최후에 남긴 유서』(파주 : 돌베게, 2014).

그의 증언이 더 교훈적으로 다가오는 이유는 마치 '그림'과 '음악'의 차이만큼 교교해서다. 들어서 터득할 수도 있지만 보고 또 보며 훑어 내릴 수 있는 곳이 가슴이니까.

유대인을 죽인 건 유대인들이었다. 동포가 동포를 팔고 죽음의 장소로 보냈으며 그 대가를 철저히 챙기는 동안 수용소안의 생존정치는 날로 치열해진다. 레비가 본 유대인들의 모습이다.

> 관리자들은 전혀 협력자가 아니었다. 단지 겉보기에만 협력자인 사람들이었다. 아니, 오히려 적으로 위장한 사람들이었다. 그러나 명령을 내리는 위치에 있던 사람들 대부분은 그렇지 않았다. 평범한 모습에서 최악에 이르기까지 다양한 인간의 표본들을 몸소 보여주었다. 권력은 마모되지 않고 부패한다. 그들의 권력은 그 독특한 성질 때문에 더더욱 심하게 부패했다.[39]

포로수용소 안에서도 온갖 권력이 횡행했다. 위계에 따른 명령과 통솔의 권위도 지극히 엄연했다. 하지만 그것이 박해 없는 평화와 전쟁 없는 호시절이 아니라 비인간적 학살의 극치를 누리는 시기였고 온갖 편의와 비정상이 판치고 있었음도 두말할 필요가 없다. 카포Capo

39 윗책, p. 51.

니 존더코만도스Sonderkommandos니 하는 용어들도 효율적 포로관리를 위해 만든 편의적 발상들이었다.

> 카포(Capo : 두목 우두머리)는 누가 되었나? 첫째, 가능성이 주어진 사람들, 즉 라거Lager(포로수용소)의 사령관이나 그의 대리인들이 (흔히는 뛰어난 심리학자들이었는데) 협력자로서의 잠재력을 알아본 사람들이다. 둘째, 감옥에서 차출해온 일반 범죄자들이다. 그들에게 간수일은 수감생활의 훌륭한 대안을 제공했다. 셋째, 5−10년의 고통의 세월에 쇠약해진, 아니면 어쨌든 도덕적으로 약화된 정치범들이다. 나중에는 유대인들도 카포가 되었는데, 자신들에게 주어진 보잘 것 없는 미미한 권력에서 '최종 해결책'을 피할 유일한 방법을 찾게 된 사람들이었다. 그러나 많은 사람들이 자발적으로 권력을 원했다.[40] …. 라거안에도, 또 밖에도 타협할 준비가 되어 있는 모호한 회색灰色인간들이 존재한다는 것은 사실이다.[41] …. 협력의 극단적 예는 아우슈비츠와 기타 절멸絶滅수용소의 존더코만도스Sonderkommandos에서 볼 수 있다. 여기서는 특권을 말하기가 머뭇거려진다. 존더코만도스에 속한 사람은 특권층이었지만 (그러나 그 어마어마한 대가란!) 부러움을 받는 자리였기 때문에 특권층이었던 것

40 윗책, p. 53.
41 윗책, p. 55.

은 물론 아니다. 그들에게 주어진 특혜란 몇 달 동안 충분히 먹을 수 있다는 것 정도였다. SS는 '특수부대'라는 적당히 애매한 이름으로 포로들의 한 그룹을 지정한 뒤 화장터의 운영을 맡겼다. 그들은 가스실로 보내야 할 새로 도착한 사람들 (대개는 자신들을 기다리고 있는 운명을 전혀 알지 못했다) 사이에 질서를 부여해야 했다. 가스실에서 시체들을 꺼내고, 턱에서 금니를 뽑고, 여자들의 머리카락을 자르고, 옷가지, 신발, 짐 가방의 내용물을 분류하며, 시체들을 화장터로 운반하고, 화로가 제대로 작동하는지 감독하고, 재를 꺼내 없애야 했다. 아우슈비츠의 특수부대는 시기에 따라 부대원의 수가 700명에서 1,000명 수준에 이르렀다.[42]

레비의 고발과 증언을 듣고 있노라면 강점기 조선의 순사보巡査補들과 친일관리들의 준동蠢動이 떠오른다. 왜일까. 생존을 위해서라면 영혼이라도 팔고 양심의 가책을 이겨내려면 죽음보다 더한 위선도 무릅썼던 식민 협력세력들과 단지 풍요로운 식사를 위해 기꺼이 동포들을 팔아넘긴 유대인들의 닮음 때문일까. 현지 사정을 모르는 외인부대들로선 현지인을 매수하는 방법 이외의 효율적 통치술은 기대하기 어려웠을 것이다.

42 윗책, p. 56.

악의 평범성은 '악' 앞에서 '아무 것도 하지 않았'던 즉발적 무능과 무위의 침묵을 당연히 포섭한다. 무지의 소산이었을망정, '그 무엇도 하지 않았음'은 생각 없는 인간의 무작위적 반복과 그에 따른 악행의 무한 복제를 무기력하게 승인하는 셈이다. 식민지 조선동포들을 핍박한 장본인이 정작 조선인'들'이듯, 유대 백성들을 가스실로 실어 보낸 주역들을 유대인'들'로 못 박는 레비의 믿음도 그래서 힘을 얻는다. 동포가 동포를 팔아넘기는 저 예상외의 무기력과 극적 변절이 역겨운 건 '해서는 안 될 짓'을 기어이 저질렀다는 행위의 결과론에 있지 않다.[43] 그보다는 도리어 그 같은 유혹과 편의적 발상이 주는 폐해나 양심의 위배를 고려할 겨를조차 없이 가장 먼저, 그리고 가장 빨리, 단순하고도 분명한 목적달성수단을 찾으려 헤맸을 뿐 아니라 자

43 전봉관은 이렇게 말한다. "대부분의 독일인은 히틀러와 나치의 반인륜적 정강 정책을 정확히 이해한 상태에서 아무런 가책도 없이 그들을 지지했다. 한때 나치의 지지율은 90%를 상회했다. 프리모 레비는 그런 독일인들이 종전 이후에 '그때는 몰랐다'고 변명하는 데 분개했다. 그는 또한 죽을 0.5리터 더 배급받기 위해 자발적으로 나치의 앞잡이가 된 수용소 내의 '특권층 포로' '관리자 포로'에 절망했다. 가령 수용소 내의 유태인들로 구성된 '특수부대'Sonderkommandos는 동료 유태인들을 가스실로 집어넣고 시체를 처리하는 대가로 몇 달 동안 충분히 먹을 수 있다는 '엄청난 특권'을 누렸다. 박해자와 희생자 사이에는 이처럼 명백하고 광범위한 '회색지대'가 존재했던 것이다. 프리모 레비는 이 '회색지대'에 면죄부를 준 상태에서 소수 사악한 박해자에게 책임을 전가하면 언제든 아우슈비츠는 재현될 수 있다고 경고한다. http://news.chosun.com/site/data/html_dir/2014/08/22/2014082204015.html (접속일자 : 14/12/09)

기의지의 박약함을 들켜버리고야 만다는 정신의 천열함에 방점을 찍어야 할 일이다.[44]

영화의 압권은 이 같은 철학용어의 생성배경이나 그 전파를 의식한 감독의 의지에 있지 않다. 그보다는 영화 후반부를 장식하는 아렌트의 고별강연과 이를 지탱하는 논리의 일관성이다. 빗발치는 공격과 불같은 미움으로 넘쳐나는 여론을 의식한 '뉴 스쿨' 당국이 그녀에게 강의의 권리와 의무를 박탈했던 연유도 이해 못할 건 아니다. 그럼에도 불구하고 자기격정과 극한모멸 사이의 감정 편차를 차갑게 조절할 줄 알았던 아렌트는 다시 애써 악의 평범성을 또박또박 강조하며 강연을 이어간다. 영화의 속성상 내용의 전말을 모조리 담을 순 없지만 말이다.

그녀는 이렇게 말한다.(줄담배로 유명하던 아렌트가 이 날도 단상위의 재떨이부터 챙기는 모습을 잃지 않음은 흥미롭다)

44 정치적 목적 달성을 위한 '가장 빠르고, 가장 단순하며, 가장 확실한 수단이 폭력'이라는 정의 안에는 '생각'이란 변수가 개입할 여지를 두지 않는다. 아니, 그렇게 할 기회가 마련되지 않는다는 표현이 더 정확할 것이다. 의도적 행위의 결과로 폭력이 몰고 올 대가까지 고려할 여유가 있다면 당초에 폭력을 사용할 가능성은 그만큼 줄어들 것이기 때문이다. 악의 평범성과 '의도하지 않은 행위의 결과'로 행위주체가 평생토록 후회하거나 가책에 시달릴망정, 눈앞의 이익을 위해 깊은 고려 없이 저지르는 의도적(?) 실수라고 이해할 자기모순도 엄연하기 때문이다.

아렌트 : 오늘은 한 대 물고 시작해야겠군요. '뉴요커'지의 요청으로 아돌프 아이히만의 재판에 가면서 법정이 정의의 실현에만 관심이 있을 걸로 짐작했어요. 간단한 일이 아니었어요. 법정에 세운 아이히만의 범죄는 법률적으로 나와 있지도 않았고 뉘른베르크 재판 이전엔 알려지지도 않았던 범죄였어요. 그래도 법정은 아이히만의 행위를 규정해야 했어요. 재판의 체계도 없었고 역사와 주의, 반유대주의도 없이 한 인물뿐이었어요. 아이히만 같은 나치 전범의 문제는 누가 처벌하고 용서하겠냐는 듯 개인의 특성을 버린 주장이었어요. 아이히만은 검찰 측 주장에 계속 이의를 제기했어요. 자신이 주도한 건 아무 것도 없고 선이든 악이든 의도가 없었으며 명령에 복종했을 뿐이라고 주장했습니다. 이 전형적인 나치의 항변으로 거대한 악의 실체가 드러났어요. 평범한 사람이 저지른 악, 동기도 없이 행해진 악, 심술도 악의도 악마의 의지도 없었어요. 사람이기를 거부한 인간의 행위였어요. 저는 이 현상을 '악의 평범성the Banality of Evil'이라고 부르고 싶습니다.

질문자 : 아렌트 교수님, 논란의 핵심을 끝내 피해가는군요. 지도자들의 협력이 없었다면 유대인들이 덜 죽었을 거라 했잖아요. 법정에서 나온 말입니다.

아렌트 : 재판에 나왔던 문제고 이 점에 대해 아이히만의 행위에 직접 참여했던 유대지도자들의 역할을 명확히 한 거예요.

질문자 : 스스로를 말살했다고 유대인 탓을 했어요.

아렌트 : 유대인을 탓한 적 없어요! 저항은 불가능했어요. 그래도 저항과 협력 사이에 놓인 게 있었어요. 그런 의미로서만 일부 유대 지도자들이 달리 행동했으면 했던 거예요. 이런 의문을 던지는 건 의미심장해요. 유대 지도자들의 역할로 인해 아주 놀라운 점을 간파했어요. 나치 때문에 훌륭한 유럽 사회의 도덕이 완전히 와해됐다는 점을 독일뿐 아니라 모든 나라에서 박해자뿐 아니라 희생자들 속에서도.

질문자 : 박해는 유대인을 겨냥했잖아요. 왜 아이히만의 범죄가 반인륜적이라 하셨어요?

아렌트 : 유대인이 인간이기 때문이죠. 나치는 그 지위를 부인하려 했어요. 그런 범죄의 정의가 반인륜적 범죄에요.

아렌트 : 아다시피 난 유대인이에요. 그런데 나치를 옹호하고 동족을 멸시하는 자기혐오의 유대인이라 공격해요. 이건 논쟁이 아니에요. 이건 인신공격이에요. 아이히만을 옹호한 적 없어요. 다만 놀랍도록 평범한 한 사람의 망연자실한 행위를 받아들이려 한 거예요. 이해하려는 것과 용서는 달라요. 이해하는 게 내 책무라고 봤어요. 누군가는 책임지고 이 문제를 논해야 한다고. 소크라테스와 플라톤 이래 대개 생각이란 이런 것이었어요. '나 자신과의 조용한 대화'. 아이히만이 인성을 버리고 완전히 포기한 건 가장 인간적인 특성인 생각하는 능력이었어요. 그 결과 더는 도덕적인 판단을 할 수 없었어요. 이렇게 생각을 못하면

수많은 보통사람들에게도 유례없는 크나큰 악행을 저지를 여지가 생겨요. 정말이에요. 이 문제를 철학적으로 숙고했어요. 생각이라는 바람을 표명하는 건 지식의 돛이 아니라 옳고 그름, 아름다움과 추악함을 말할 능력이에요. 내가 바라는 건 사람들이 생각의 힘으로 예기치 않은 일이 닥칠 때 파국을 막는 거예요. 이렇게 배가 가라앉는 흔치 않는 순간에. 감사해요.

가장 뜨겁던 시절을, 그것도 야유와 조롱으로 유난스레 넘쳐나던 시기에 극단의 사례를 마무리하는 감독의 마음 역시 복잡하였을 것이다. 그것도 하필 확신에 가득 찬 자기변론이나 새로운 이론의 등장을 암시하기보다 작품을 관통한 악의 논리와 그 평범성을 갈무리해야 할 대목에서 무엇을 따로 강조할 수 있었으랴. 작위적으로 비쳐지기도 하지만 아렌트의 마무리 읊조림은 단호하다.

다들 내가 틀렸다고 해. 그런데 내 진짜 오류는 아무도 몰랐어. 악은 평범하면서 동시에 근본적일 수 없어. 악은 늘 극단적일 뿐 근본적이진 않아. 선만이 언제나 깊고도 근본적이야.

III.

사회주의 : 시詩로 쓰는 공산주의 전사前史

— 〈필름 소셜리즘〉(2010) : 장-뤽 고다르

영화감독들은 어쩌자고 사상가들을 작품 안으로 끌어들이지 않았을까. 필자가 꺼낸 애초의 물음이다. 하지만 '상업성이 없으니까' 라고 간단히 답하기란 공허하다. 그렇다고 '예술성'이란 이름의 넓고 하염없는 핑계 안에 영화적 직무유기혐의를 고스란히 묻는 일도 무책임하긴 마찬가지다. 어느 경우든 정치사상이나 사상가들의 삶을 영화로 담는 작업 또한 '말'처럼 쉽진 않았으니까.

그렇다면 누구의 사상을 무엇으로 어찌 변명할 것이며 영화적 침묵은 또 언제 두둔할 것인가. 이 막막한 물음 앞에서 도망치려면 궁색한 논리도 없진 않으리라. 정치사상의 영화적 표현과 그 미학언어의 변용은 사상가의 숫자에 비례할 것이며 그들 모두의 생각이 얼마나 극적 극단성을 동원할는지와 관계가 있으리란 답변 말이다.

모든 사상은 일정한 독선의 매력을 전제한다. 그 매력이 내뿜는 사회적 동원효과가 시공간의 제약을 넘어버릴 때 이른바 사상적 적실성이 어느 한 시기를 풍미하고 나아가 시대정신마저 장악하게 되는 역사의 굴곡도 얼마든지 기억해내는 우리다. 그것이 극적 극단성을 담보하느냐는 물음의 답도 결국은 오지 않은 미래를 설명하며 희망과 행복을 줄만한 믿음의 서광이 그들 각자의 논리 안에 깃들어 있는지와 긴밀히 맞물린다.

그리도 많은 사상적 다툼과 끝없는 변명의 지탱 속에서 추종자를 항구 동원할 매력의 독점이란 곧 원초적 생각의 힘과 그 지속가능한 저력으로 판가름할 수밖에 없다. 드라마틱한 사상이란 그렇다면 뭘까. 아니 정치사상의 극적 면모란 어디서 어떻게 빛나는 걸까. 감히 영화언어로까지 종횡무진 표현할 만큼 흐르고 넘치는 생각의 줄기나 얼개란 적어도 무엇을 담아야 했을까.

유독 사회주의가 사상적 파워를 지탱한 까닭은 뭘까. 사회주의의 힘? 에둘러 꿈을 실현하려는 점진주의의 찬찬함보다 급진성과 과격함이 동원하는 폭력의 주문은 금세 꿈을 이루게 만들 것이란 기대의 과잉을 부채질한 게 사실이었으니까. 마르크스가 청년 혁명가들의 마음 밑동부터 자극하고 레닌이 프롤레타리아트 독재의 마력을 압도적 민중에게 가슴 저미도록 재촉한 이유도 정작 손에 잡힐 듯 어른거리던 절대평등의 꿈 때문이었던 터다.

머잖아, 아니 당장이라도 그 벅찬 꿈이 이룩되리란 생각이 지극히 비현실적이며 오류와 독선의 함정마저 안고 있음을 잘 알면서 폭력만이 문제해결의 유일한 지름길임을 신봉하게 된 까닭도 공평사회의 거짓 같은 신기루 때문 아니었던가. 게다가 자동으로 혁명이 실현될 것이란 기대보다 끝없이 노력하고 적극 실천해야 한다는 열정의 세례가 가능했던 것도 사회주의만이 동원할 수 있는 튼실한 저력이었을 것이다.

가없는 가슴 들뜸과 지속적 흥분의 사연이 허무하게 무너진 그간의 곡절은 분명 슬픔이었다. 한사코 이루리란 새 세상의 신념과 머잖아 그날이 올 것이란 노골적 희망이 한데 뒤섞여 '혁명'이란 단어만으로도 흐르고 넘쳤던 믿음의 과잉이 고스란히 환멸과 실망으로 점철된 지난 세기의 기억도 여전히 잊지 않고 있는 '우리' 아니던가. 무늬만 초라하니 남아 이제는 낡은 사전과 먼지 쌓인 교과서 한 구석에서나 빛나는 이데올로기의 파편이 그나마 숙연키만 한 까닭은 정작 딴 곳에서 찾을 일이다. 고작해야 자본주의의 타락과 방종을 질책하는 자기비판근거로 인용되거나 아니면 절반은 말라 버렸으되 나머지 반은 아직도 향내 내뿜는 장미薔薇처럼 비유도 가능할 터다. 오그라든 찔레꽃이든 점점點點의 안개꽃 다발이든 한때 찬란히 빛나던 존재의 흔적은 그것만으로도 관찰대상이어야 한다. 너무나도 빛나던 꽃묶음이었다면, 다가가기 어려웠으되 이제는 스스로 힘겨워하는 거대생명체의 옛 기관이라면 그건 더더욱 눈여겨보아야 하지 않을까.

정치영화의 빈곤을 '사상' 혹은 '사상가'와 엮으려 할 때 사회주의가 특히 조명 받는 까닭은 이데올로기에 내재된 극적 극단성 때문이다. 아울러 성공한 혁명이 지극히 제한적이었던 이유 역시 한 몫 거든다. 러시아와 중국을 비롯한 사회주의 국가의 역사경험이나 이를 주제로 한 작품들을 빼고 나면 영화적 빈곤을 뛰어넘을 획기적 방법은 거의 없기 때문이다. 하지만 분명히 해둘 사항 한 가지가 있다. 사회주의를 영화중심에 올려놓았던 작품이 전혀 없었다거나 절대적으로 초라하였음을 질타하려는 게 여기서의 핵심은 아니란 점이다. 아니 도리어 자기네 혁명을 미화하거나 지속적으로 선전하기 위하여 사회주의 이데올로기를 찬미하려 들던 편향적 정치영화는 한때나마 양산된 시절을 세계영화사는 분명히 기억한다.[45]

문제는 따로 있다. 예술성과 정치성이 부딪치되, 균형적 조화를 이룬 작품들의 현저한 부족함이다. 새삼 고다르 영화를 보려는 이유도 이 때문이다. 극적인 매력이야 여러 경로를 통해 익히 알려졌으나 저 '화끈하고 똑 부러지며 그것도 금세 뒤집어지는' 세상 모습을 이승에서 살며 확인하는 일만큼 가슴 흔들리는 경우가 또 있을까. '혁명'이란 단어가 그랬고 이를 이룩하는 수단으로 '폭력'이란 콘셉트가 동원하던 설렘이 그렇지 않았을까.

그러나 설렘이 이내 실망으로 바뀌고 기대가 하염없는 좌절로 탈바꿈할 때 사회주의 본연의 의미와 그 적용의 과격성을 한꺼번에 되돌아보는 일은 쉽지 않았다. 그것도 하필 영화예술을 빌려 말이다. 차면 기울고 사라지면 다시 나타나는 게 자연의 섭리지만 이데올로기의 양가성과 정치현실의 비의도적 변화만큼 인간에게 난감한 일들도 없었을 터다. 적어도 19세기 '이후의 인류'라는 광대역 상대를 감안할 때 권력부문의 정치적 약속과 지식인들의 장밋빛 예측과 맞아 떨어지

45 여기서 다시 레닌과 모택동의 사상체계를 뜯어보거나 혁명 직후 제작된 선전영화의 필모그래피를 반복 나열하는 일은 생략하자. 이를테면 에이젠스타인의 작품세계나 러시아 혁명과의 연관성 등을 따져보는 작업 말이다.

지 않음은 근대 이후의 대표적 시련들이다.

불특정 다수의 민중을 삽시간에 동원할 사회주의의 저력이나 그 예지叡智의 기운에 눈길 맞추는 일보다 중요한 과업은 따로 있었다. 애초의 예측대로 자본주의체제가 몰락하지 않았던 논리의 과오는 물론, 이데올로기의 회로판 자체가 망가지게 된 곡절들을 꼼꼼히 되돌아보는 일말이다. 무엇보다 먼저 필요한 건 이를 위한 진영 내부의 용기와 자기 비판적 사고였을 것이다. 사회주의 편향성에서 자유롭진 않지만 고다르 영화는 이제 어느 한 진영으로 작품의 무게중심이 쏠리지 않는다. 그렇다고 자기 중립성이 크게 돋보이는 것도 아니어서 굳이 '보편'과 '특수'란 잣대로 재거나 이를 의식한 선택적 질문으로 몰고 가기란 쉽지 않다. 하지만 시대를 이끄는 압도적 힘과 이를 결정하는 온갖 기운들을 부각시키되 끝까지 그에 매몰되지 않는 영화적 거리감은 고다르만의 장점 가운데 하나다. 휩쓸리되 극히 관조적이고 동행하되 일탈과 도주의 책략을 스스로 준비할 만큼 직관적이며 주도면밀한 '드문' 감독이 '그'였으니까.

고다르는 아직도 변화를 추구하며 영화적 실험을 계속하기 때문에 그가 생존하는 한 평가는 성급할 뿐 아니라 후기 작품의 성격도 일관성을 찾기 어렵다는 평가역시 지배적이다. 평론가들의 입장도 그래서 극단적이다.[46] 혹평 아니면 극찬 일색이기 때문이다. 21세기의 그와 '누벨바그'를 등식화하는 일이야 식상하지만 영화 주제들 또한 비일관적이며 난삽한데다 기왕의 익숙한 스토리텔링을 파괴하는 플롯의 산만함은 이 같은 극성을 북돋운다. 게다가 주제의 의도적 확장과

추상성의 방임은 역비판 여지를 스스로 키워 엇갈린 평가의 단초가 되는 일도 고전적이다.[47]

고다르는 여전히 사물의 표층表層과 즉물성에 관심을 갖고 인간 존재는 물론 종교적 주제와 함께 철학적 실험을 계속한다. 하지만 연구자들은 그의 2010년 작, 〈필름 소셜리즘〉이 실질적 유작일 것이라고 받아들인다.[48] 누군들 그가 '사회주의자'가 아니라고 단언하겠는가마는 이제와 새삼 '사회주의영화'란 대명사를 프랑스어로, 그것도 강한 도치법을 쓰는 자세는 자못 비장하다. 민진영은 이렇게 말한다.

> 이 작품에는 자본주의 비판을 통해 공동체의 안녕을 염원하고

46 이순아 · 이용주 엮음, 『장 뤽 고다르의 영화세계』(서울 : 성신여자대학교 출판부, 2011), p. 35.

47 그에 관한 장황한 평론과 철지난 해석들을 동어 반복할 필요는 없으리라. 다만 문제는 이데올로기를 영화에 끌어들일 경우 항시 불붙을 수 있는 논쟁 가능성을 감안해야 한다는 점이다. 그에게 정치는 선택의 문제가 아니라 예술적 당위이자 문화적 운명이며 한때나마 치열하게 부딪쳐야 할 대상이었기 때문이다. 그에 관한 다양한 분석 가운데 특히 다음 문헌들 참고할 것. Richard Brody, *Everything Is Cinema : The Working Life of Jean-Luc Godard* (New York : Henry Holt & Co., 2008); Jean-Luc Godard, *Godard On Godard* [Ed., & Tr., By Tom Milne](New York : Da Capo Press, 1986); Michael Witt, *Jean-Luc Godard, Cinema Historian* (Bloomington, IN.: Indiana University Press, 2013).

48 민진영, "장-뤽 고다르의 〈필름 소셜리즘*Film Socialisme*〉에 나타난 정치성," 한국영상문화학회(편), 「영상문화」 제22집(2013), p. 63.

사회주의의 이상을 늘 염두하는 고다르의 영화인생이 녹아들어 있다. 80세가 넘은 고다르는 현재 은둔자로 살고 있다. 1960년대 안나 카리나Anna Karina와 함께 했던 시기에는 언론에 자주 보였지만, 수수께끼 같은 비밀에 싸여 세상과는 벽을 쌓고 살고 있다. 칸에서 이 영화가 처음으로 상영될 때에도 오지 않았다고 한다. 고다르는 누벨바그 이후로 영화매체가 고민해야 될 제반의 모든 문제, 즉 상업화와 자본주의 경제체제를 그대로 반영하는 영화가 아니라 불화와 분쟁의 역사를 관객들에게 고발하고 세계의 평화를 위해 작은 역할이라도 담당할 수 있는 영화를 만들기 위해 고뇌하고 있다. 고다르가 극영화 제작하기를 포기하겠다고 주장하고 영화라는 매체 자체에 대해 질문을 던지는 다양한 영상형식을 시도한 지도 이미 20여년이 넘었다. 고다르의 마지막 영화가 될지도 모르는 〈필름 소셜리즘〉에서 우리는 그의 메타 영화적 성찰의 경지를 확인하게 된다. 그는 인용된 영화아카이브 이미지, 인용문구, 인용인물들이 자세한 언급 없이 나열되어 있어서 영화도 스토리북도 아닌 메타 매체적 형식의 극한을 마주하게 한다. 메타 매체적 형식을 통해 〈필름 소셜리즘〉은 유럽 현대사를 과거사와 연결되는 부분을 찾고 지중해 연안의 다른 대륙의 도시들의 역사와 연결되는 지점들을 제시해준다. 고다르는 금과 돈이 낳았던 수많은 분쟁들에 대한 성찰, 즉 유럽의 소외층들이 겪어야 했던 전쟁, 매춘, 질병에 대한 아픔들, 더 나아가 아프리카에 대한 수탈, 유태인 학살, 팔레스타인의 저항에 대한 무관심을 지적하면서 세계가 나아가야 할 공존의 길을 제시

하고 있는 것이다.[49]

미련이라 하기엔 노스탤지어 너무 진하고 뒤늦은 계몽과 회유로 보기엔 설득력이 예전만 못한 영화, 〈필름 소셜리즘〉이다. 하지만 고다르의 일관성을 대면하자면 관객이 치러야 할 무의식적 고단함은 예전과 마찬가지다. 이즈음 설핏 아렌트가 떠오르는 것도 무리는 아니다. '탈진과 쇄신의 순환'이 '인간의 조건'이라며 못 박던 그녀 말이다.[50] 사회주의의 현실적 오류나 자본주의의 여전한 오만이야 새삼 무슨 문제로 지적하겠는가마는 (공산주의까지 끌어들일 필요조차 없이) 지난 세기 이들 두 이데올로기를 향해 일렁이던 엄청난 논란들을 감안하자면, 각자도생各自圖生의 길로 접어든 정치사상적 상대성은 이제 '피

49 윗글, pp. 82-83.

50 Hannah Arendt, *The Human Condition* (Chicago, IL.: University of Chicago Press, 1958), p. 108; 아렌트는 여기서 이렇게 단언한다. "고통스런 탈진과 즐거운 재생의 순환 이외에 지속적인 행복은 없다. 이 순환의 균형을 깨뜨리는 자는 '살아있다'는 데서 오는 기본적인 행복을 망가뜨린다."; "There is no lasting happiness outside the prescribed cycle of painful exhaustion and pleasurable regeneration, and whatever throws this cycle out of balance—poverty and misery where exhaustion is followed by wretchedness instead of regeneration, or great riches and an entirely effortless life where boredom takes the place of exhaustion and where the mills of necessity, of consumption and digestion, grind an impotent human body mercilessly and barrenly to death—ruins the elemental happiness that comes from being alive."

로'와 '소진' 단계를 넘어 '무감각'과 '마비'의 지경을 헤맨다는 과잉단순화마저 허락할 정도다.

개인의 삶이 '힘듦'과 '재생'의 길로 이어진다면 숱한 인간들의 생명의 조건 역시 이 같은 상반성의 굴레를 반복 체험하는 일 역시 당연할 터다. 게다가 굳이 변증법과 모순의 콘셉트를 떠올리지 않더라도 존재하는 모든 것들이 스스로를 불태우고 재현과 자기부활의 반복적 삶의 기제에 익숙해져 있음을 모르는 이, 세상천지 어디 있으랴. 모든 물리적 실체에 가해지는 온갖 부정negation의 기운과 이에 맞서 스스로의 존재 상태를 지탱하려는 힘이 어느 단계, 어느 순간까지만 본래 에너지를 유지할 뿐 견디지 못할 제3의 도저함으로 기왕의 것들을 '절멸-배제-소멸'시키는 그 메커니즘 말이다.

대표적인 예로 마르크스의 생산력과 이를 담보하는 역사 속 인간 노동력이 그랬고 헤겔이 말하는 테제와 안티테제가 신디사이즈synthesize하는 과정 일체가 그렇지 않았는가 말이다. 뿐만 아니라 인류사를 지배한 결정적 요소로 '신화·종교·권력'의 힘이나 이들 모두가 결정적 기운을 잃자 새롭게 등장한 이데올로기마저 사멸의 임계상태를 경험해야 했던 것도 아렌트가 말하는 인간의 조건으로 얼마든지 대체 가능한 근거가 된다. 마르크스가 왕성하게 활약한 19세기 이후 두 차례나 세기가 바뀌도록 사회주의만큼 열정적으로 자신의 무오류를 '강변·확장'한 강철논리가 또 있었을까. 역설적으로 말해, '너희는 틀렸다'고 모두가 외쳐대도 스스로 옳다고 믿으며 한줌 추종자들이라도 충직한 신도들로 동원하는데 줄곧 성공한 이데올로그들 역시 '소설리스트'였으니까.

'틀려도 맞다'고 우기기로는 자본주의도 마찬가지다. 그것은 체제의 우월성을 부추기는 온갖 기득권과 그 지지 세력들의 방만한 지배구조가 쌓은 오만과 편견의 당연한 결과였다. 빈부의 지나친 격차와 환경의 결정적 파괴는 물론, 온갖 개발과 독선의 지탱은 사회주의의 자기 무오류를 되비치는 거울이었다. 막대한 부채와 실업 때문에 체제가 붕괴할 리 없다는 믿음. 공해와 범죄가 시스템의 근본을 흔들거나 빈곤층이 두텁다고 이제껏 쌓아놓은 부의 가치를 전면 폐기할 수는 없다는 자만. 이들이 화학적으로 증폭하면서 자본주의의 철지난 외투에서 빛 바래는 동안 불멸의 확신은 가슴팍에 매단 값싼 액세서리처럼 빛나고 있었다.

탈진과 재생의 거시정치학은 얼마든지 환유換喩의 근거를 확장할 수 있다. 의도적이든 아니든, 사회주의는 자본주의와 줄곧 대결한다. 애당초 그것이 자기반성과 절제에 따른 가치중립적 자세로 지탱했던 것이라면 무슨 문제였으랴만 문제의 모든 근원을 '타자'와 '외부'에서 찾는 사회주의는 '자기반성'이나 진솔한 성찰기회를 스스로 거부한다. 급진론의 확산은 자기빈곤의 함정을 드러낼 수밖에 없었고 혁명의 실험과 폭력적용은 소셜리즘의 탈진을 재촉한 게 사실이다.

사회주의진영의 가열 찬 공격논리 만큼 자본주의의 오만을 근본 교정할 대안의 이데올로기는 사실상 없다. 혹자는 신자유주의의 뒤늦은 만개를 또 하나의 예견된 처방인 양 확신할는지 모른다. 하지만 신자유주의의 전 지구적 압도가 지난 세기 '사회주의 대 자본주의'

의 한계와 모순을 일거에 날려버릴 변증법적 지양의 결과물이었는지는 확실하지 않다. 이데올로기 역시 무한 탈진과 쇄신의 연속과정에서 어떤 형식으로든 지탱의 거점을 마련해야 했기 때문이라면 또 모를까.

분명한 건 좀체 꺾이지 않는 신자유주의의 철학적, 정치경제학적 까닭들이나 논리적 명쾌함이 아니다. 그보다는 저 강고한 당장의 '어림없음'일 것이다.[51] 사회주의와 자본주의가 모조리 탈진하기 전, 이들을 부모 삼아 태어난 자식이 신자유주의란 인식은 또 다른 탐구 주제일터다. 출생의 비밀과 태생적 한계를 고스란히 간직하였음에도 '자기만의 생'을 정리해야 한다는 운명적 소박함을 절감하는 처연한 나날들은 그것만으로도 주목 대상이다.

능력에 따른 차별대우가 평등의 전제조건이라는 고전 민주주의가 설득력을 발휘할 때만 해도 오늘의 신자유주의가 저지르는 글로벌한 패악은 예견할 수 없었다. 몇 개 남지 않은 귀한 열매의 달콤함이나 육질의 풍요가 키 크고 힘센 자들의 전유물이라는 전 지구적 독선은 이제 상식으로 통용된다.[52] 그에 힘입어 경쟁에서 패배한 군상들이 하

51 Colin Crouch, *The Strange Non-Death of Neoliberalism* (Cambridge : Polity Press, 2013).

52 이에 관해서는 다음 참조할 것. Zygmunt Bauman and Carlo Bordoni, *State of Crisis* (Cambridge : Polity Press, 2014), pp. 128-135.

향평준화의 수모를 흔쾌히 견뎌내야만 한다는 국가적 주문을 용납하기 시작한 세계의 현실은 그 자체로 허구이자 횡포다. 나눠줄 가치가 지극히 제한적이기에 이 같은 방법론적 무리를 감행하거나 전면적 사회혁명으로 맞서지도 못하는 민중의 문약함이 초라하기 짝 없는 것도 엄연한 현실이다.[53]

계급의 상승이동과 부의 세습은 물론, 경쟁에서 이기면 독점과 전횡 역시 가능했던 것도 신세기의 불가사의 가운데 하나다. '경쟁현상'을 꼼꼼히 따지거나 내다보지 못하여 사회주의 필승전략에 심각한 차질을 빚고 전진의 길목마다 발목 잡혔던 마르크스의 멍에는 이제 글로벌 자본주의가 걸머지고 가야 할 형국이다. '경쟁'으로 압도하고 '경쟁'으로 승리하던 자본주의가 이제 '경쟁' 때문에 숱한 낙오자들과 수치심으로 물든 루저loser들의 범람으로 꼼짝없이 '질식의 세월'을 견뎌야 하는 나날들이니까.

'최대다수의 최대행복'은 이제 '극소수의 무한독점'과 '항구적 승자독식'으로 탈바꿈했고 빈곤의 대물림이 역사이자 현실로 화석화되는 상황 속에서 공리주의의 꿈은 신자유주의의 서슬 푸른 명분에 압

53 어쩔 수 없이 자본주의의 기세에 눌려 살아야 할 오늘의 정치경제적 운명에 관해서는 다음 연구 참고할 것. Michael Henry, *From Communism To Capitalism : Theory of A Catastrophe* [tr. by Scott Davidson] (London : Bloomsbury, 2014).

도된 지 오래다.[54] 깊은 각성과 무한도전 없이 경쟁에서 패배하거나 끝없이 밀리는 일은 빈곤의 악순환을 운명으로 치러야 할 혐의 밖에 되지 않는다.

이 같은 암울함 곁에 잔잔히 다가오는 영화, 〈필름 소셜리즘〉은 '이제는 거울 앞에 돌아와 선 내 형님 같은' 사회주의의 고전적 민낯을 열심히 소환한다. 그렇다고 자본주의로 전향할 의사까진 전혀 내비치지 않으며 말이다. 본디 영화로 철학하기를 멈추지 않는 고다르에게 '문학'은 항시 중요한 매개자가 된다. 바꿔 말해 시詩처럼 필름 만들기, 문학과 영화의 감각적 혼존, 영화로 문학 끌어들이기에 이어 영상과 철학의 학제 간 통합 까지 늘 잊지 않는 그에게 차별성의 고취가 문제 해결의 지름길은 아니다.

자신을 에세이스트라고 생각하며 소설 형식으로 에세이를 쓰거나 에세이 형식으로 소설을 쓴다고 믿는 고다르는 '쓰는 대신' 소설을 '영화로 만든다.'[55] 아울러 그에게 '진정한 영화는 단지 카메라 앞에

54 여기서 다시 생각해볼 문제는 다음과 같은 의문들이다. 이데올로기가 진작 제 기능을 상실한 오늘의 세계에서도 1. 경쟁은 불가피한 것인가? 2. '타자의존성' 역시 어쩔 수 없는 운명인가? 3. 개인의 재산과 권리는 타인의 '그것들'마저 인정하지 않고선 보장(호)받을 수 없는 국가의 최후 가치인가?

55 고다르는 허구의 이야기를 만드는 전통적 감독이 아니라 자유롭게 글을 쓰고 생각하는 감독처럼 보이길 원했다. 한 단계 더 나아가 「카이에 뒤 시네마」 1962년판 겨울호에서 그는 자신을 비평가로 규정한다. "비평을 쓰는 대신 나는 영화를 만들지만, 비판적 차원이 포섭된다. 나는 내 자신을 소설 형식으로 에세이를 생산하거나 에세

무언가를 갖다 놓는 것'이다. 영화에서 우리는 '사고하는 것이 아니라 사고되어 진다to be thought'는 믿음을 실천하기 위해서라도 말이다.[56] 영화는 시대를 반영하는 예술이지만 결코 그 시대에 이끌려서는 안 되는 독자성을 지닌다고 굳은 심지를 잃지 않던 그답게 이 영화 역시 정치적 독립성을 강하게 지탱한다.

〈필름 소셜리즘(2010)〉은 문학적 인용과 각주 형식의 독특한 에세이처럼 만들어진다. 20세기를 넘나드는 주요 지식인들과 예술가들의 인용은 물론 마치 한편의 논문을 쓰듯 영화는 주석으로 가득하다. '존재와 무'를 이야기할 때는 당연히 사르트르의 『존재와 무』를 연상시키고 기하학의 기원을 말할 때는 후설과 ('기하학의 기원'을 프랑스에 소개한) 데리다를 떠올리게 한다. 그러면서 고다르는 지금 유럽이 어디를 향하고 있는지 집요하게 묻는다. 감독이 영화 속에 숨겨놓은 다양한 인용문을 들춰내는 과정은 관객으로 하여금 해답의 단서가 되는 동시에 지적 사유를 통한 영화보기의 새로운 모습을 보여준다.[57]

이 형식으로 소설을 생산하는 에세이스트로 생각한다. 쓰는 대신에 나는 다만 그것들을 촬영한다."

56 이에 관해서는 리처드 라우드 지음·한상준 옮김, 『장 뤽 고다르 : 소비사회의 영화와 이데올로기』(서울 : 예니, 1991) 참조할 것.

57 영화의 타이틀 시퀀스에는 텍스트의 인용 목록이 등장한다. '발터 벤야민, 한나 아렌트, 앙리 베르그송' 뿐 아니라 비스마르크, 장 지로두, 『어느 시골 사제의 일기』의 저자 베르나노스도 있다. 그리고 페르낭 브로델과 클로드 레비스트로스도 찾을 수 있다. 게다가 장 주네, 사무엘 베케트에 이어 셰익스피어와 하이데거, 괴테의 인용문

초호화 유람선이 바다를 항해하는 장면으로 영화는 시작한다. 사회주의를 말하려 하면서도 이야기의 출발인 즉, 자본주의의 상징인 '크루즈Cruise'가 매개자 역할을 한다. 승객들을 가득 실은 이 배는 알제리, 하이파, 바르셀로나, 나폴리, 그리스, 팔레스타인, 이집트, 오데사 등 유럽 전역을 거친다. '회고와 반성'의 틀로 지난 역사를 보려는 감독은 유럽이 겪은 두 차례 세계대전과 좀체 사람들이 거들떠보지 않는 아프리카와 팔레스타인의 아픔 앞에서 짐짓 부담을 느낀다. 피하려 해도 피치 못할 추락의 함정에 빠진 지금의 유럽은 몰락을 향해 항해 중이라는 사실도 내비친다. 승객들은 어쩔 수 없이 뒤틀려버린 유럽의 현실을 안타까워하며 속내를 털어놓는다.

늘 그랬듯, 이번에도 그는 치열하게 질문을 던지는 에세이스트이로 자리하며 영화 보는 일에 그치지 않고 부디 '생각 하'길 원한다. 그리고 권한다. 사회주의는 이제 무엇인지 떠올려보라고. 영화로 쓰는 그의 에세이는 결코 가벼운 에피소드가 아니라 역사와 정치, 경제와 문화를 가르는 하나의 굵은 횡단이자 의식의 궤적으로 작동한다.[58] 영

이 영화 곳곳에 퍼즐처럼 파묻힌다.

58 유럽의 사회주의를 말하려는 영화가 후반부에 이르러 그리스에 다다른 건 당연했다. 아렌트의 '삶의 조건'이 '탈진과 재생의 순환'이듯, 영화의 지오폴리틱스가 당도한 지점은 민주주의의 아련한 출발점이자 초라한 종착역이었다. 여기서 아테네는 '민주정치와 비극의 드라마가 결혼한 곳'이다. 그곳은 유럽의 기원이자 파국을 향해 치닫는 유럽의 자궁이라는 강력한 메시지로 거듭 난다. 영화는 어쩔 수 없이 지난

화 속 인물들이 내뱉는 말들과 인용구들, 그리고 피곤하게 맞부딪치는 이미지와 사운드 등은 관객들을 이내 지치게 만든다. 예전 고다르가 그랬듯, 어지럽고 어려운데다 금세 받아들이기 힘든 '조용한 다변多辯'의 반복은 영화적 탈진의 핑계로 더없이 훌륭하다.

이 영화마저 낯설고 난해하긴 마찬가지다. 하지만 영화 속 자본주의체제는 유럽에만 국한된 병든 현상이 아니며 앞으로 나아가야 할 인류의 방향을 생각하게 만드는 반면교사로 사회주의의 지적 즐거움을 선사한다. 영화는 출발부터 상징적이다. 깜깜한 바다, 앞을 내다볼 수 없는 암담함으로 타이틀 롤의 압박감을 헤치려 드니까. 눈앞의 어둠을 무릅쓰며 한 흑인 여인은 배 위에서 이렇게 말한다. "정화되지 못해 가엾은, 고통에 상傷해가는 유럽이여. 되찾은 자유에도 찬양받지 못하고 모욕당하지. 사막을 상상해봐." 영화의 1부는 이 같은 철학적 비유를 뼈대로 삼는다.[59]

아득히 펼쳐진 대륙은 산업혁명으로 출렁이던 감동과 흥분의 땅도 아니고 연합국의 승리로 들떠 목매이던 감은感恩의 공간도 아니란 사실은 영화에서 각별하다. 별 볼일 없어진 자본주의를 공박하기 위

시절을 돌아보지만 치유와 극복의 출구는 보이지 않는다. 대신 고통과 비극이 거듭될 것이란 암시만 강력하다. 프랑스와 알제리의 거명이 그렇고, 이스라엘과 팔레스타인의 등장 또한 그렇다. 그들은 언제나 양립할 수 없는 두 개의 대립항이자 전쟁과 상처를 만들어낸 폭력의 씨앗들이었으니까.

59 http://jiff.tistory.com/1069 (접속일자 : 15/01/03)

해서라기보다 잠시나마 이를 뛰어넘을 듯 보였던 사회주의의 무기력과 문약함을 돋보이게 하는 역설의 변증법으로도 작동하기 때문이다. 허무와 취약함으로 넘쳐나는 이데올로기의 낡은 교차점 위에 녹슨 채 뒹구는 옛 정치사상들을 끼워 맞추고 노스탤지어와 미련의 잔해일지언정, 그들을 어루만지며 찍은 감독의 기대가 여전히 붉은 빛으로 기우는 건 그러니 시비 대상으로 삼지 말자. 그의 이름이 '고다르'기 때문이라느니, 아니면 이것이 최후의 작품일지도 모르리란 성급한 짐작보다 그래도 자기만의 일관성을 잃지 않으려 몸부림치는 여전함 혹은 사무치는 믿음의 형식을 바라보면서 말이다.

자본주의와 끝내 어깨를 나란히 할 수 없는 이데올로기가 '사회주의'임은 영화의 첫 멘트만 봐도 알 수 있다.

돈은 공공재입니다.

그럼 물 같은 거네요?

바로 그렇지요.

비록 기세등등한 과거만이야 못해도 '사회주의'가 자본주의에 무릎 꿇거나 하릴없이 눈 흘기는 일 따위야 하지 않을 게 분명하다. 여전한 자기신념과 철학이 영화에서 스며나오기 때문이다. 영화로 말을 대신하는 감독들 대부분의 묵시적 언어체계가 고다르 영화에서 무참하게 깨지는 이변은 이번에도 뒤집어지지 않는다. 책에서 읽은 구절들과 주요 인물의 키워드를 예서까지 다시 읽고 들어야 한다는 게 여전히 머리 아프고 영화를 논문처럼 헤아려야 할 시각적 부담도 그렇지 않은 영화(를 보는 경우)보다 몇 배 버겁다.

사회주의가 성사되지 못했던 과거를 질책하기보다 정녕코 실현되어야 할 미래의 유토피아는 분명히 환하리란 주문을 반복하는 일은 일상의 소셜 네트워크 시스템에 기대기만큼 간단하다. '트윗-리트윗'의 부질없는 노동을 수없이 반복할망정 행복이 그대의 것이요, 번영이 모두의 일일 수 있다면야 러시아혁명은, 아니 중국혁명이나 쿠바혁명쯤 여전한 꿈으로 빛나지 않을까.

그래서 사회주의의 승리가 견고하게 내다보인다면 자본주의를 교묘히 이용하고 그 등에 업혀 결정적 시기가 다가올 날들을 다시 한 번 착실히 기다려야 하지 않겠냐며 감독은 '부가의문부호'를 영화 곳곳에 파묻는다. 지뢰처럼, 부표처럼.

아프리카가 또 한 번 더 버림을 받았을 때
콩스탕스, 당신에겐 선택의 여지가 없었죠.
남쪽으로 갈수록 위도와 자유의 여지가 줄잖아요.
우리에겐 북쪽밖에 남지 않았어요.

평면 위에서의 모든 이동은
물리적인 필연에 의해 야기되는 것은 아니며
자기 자신을 확인하는 물리적 형태인데

제국을 건설하거나
관광을 하거나 하게 된다.
신의 부재에 각자 대처한다.
다만 오늘날 바뀐 점은 잡놈들이 충실하단 거다.

흔히들 말하길 비교할 수 있는 것과만
비교할 수 있다고 하는데
사실은 비교할 수 없는 것과만
비교 불가능한 것과만 비교하죠.

모두 다 끝났어요.

스탈린, 히틀러

아니야, 당신네 연극은 쓸모없소.
이제 됐으니 그만 해요.

저는 죽고 싶지 않아요.
행복한 유럽을 다시 보기 전엔
러시아라는 단어와
행복이라는 단어가
다시 서로 이어지는 걸

보기 전엔 죽기 싫어요.

안녕히 가세요.

이 정도 회고라면 소셜리스트가 취해야 할 자세의 견결堅決함이나 감각의 패기는 넘쳐난다. 21세기가 어떤 굴곡을 거칠는지야 묘연하지만 감독이 주문하는 무의식적 혁명경로가 유물론과 친화해야 하며 변증법 체계는 물론 수학적 적확성과 철학적 원칙에서 '과학'의 그것을 넘어설 수 없음은 여기서 수시로 확인 가능하다.[60]

가엾은 사물들

사람들이 붙이는 이름만 가지다니.

텍스트만큼 편리한 건 없지.

책 속에 책을 놓으면 되니까.

하지만 책 속에 현실을 놓아야 할 때는

그리고 그 이면을 보기 위해선 현실 속에 현실을 놓아야 해.

기하학은 멈추지 않고 계속 통용되면서

동시에 스스로 재구축된다.

60 사회주의의 리바이블을 꿈꾸는 또 다른 생각으로는 다음 참조할 것. 제리 위스키 지음·김명진 옮김, 『과학 좌파』(서울 : 이매진, 2014), pp. 167-179.

그의 새로운 형태에 머무르면서

기하학은 ····

후설은 정관사를 강조했어.

'라' 지오메트리(기하학)

모든 새로운 형태 안에서

디 기오메트리(기하학)

"내부적이 아니라고 가정하지 않는다."

부분의 전체로서 부분의 총합을 어느 순간 부정하고,

부분이 전체를 포함한다는 것 말이지.

부분은 부분의 총합으로 인정되는 부분을 부정해.

다시 전체되기는 곧 부분의 전체야.

나는 그 둘을 길들일 거요.

변증법적 사고는 우선 같은 운동 내에서 현실을 검토하는 것,

그 사고는 전체의 일부로 전체를 부정하고

전체는 사고를 포함하고 조건 짓고 부정하므로

변증법적 사고는 긍정적이면서도 부정적이다.

그 운동은 전체로 볼 때 파괴적이면서도

동시에 보수적인 것이다.

극영화 형식의 일상적 대사를 넘어 이 정도의 지문誌文과 인용을 의식하자면 이는 필름이라기보다 얼핏 대학 전공강의쯤 여겨도 무방하리라. 루소와 마르크스는 물론이고 헤겔과 포이에르바하가 떠오르며 데리다와 후설을 종횡무진 끌어들이는 영화 속 검은 바다와 주변의 포말들을 디지털 카메라로 찍었는지 핸드폰으로 처리한 건지는 중요치 않다.

난해한 문장들을 교차 편집했다고 해서 현학적이라느니, 앵글로색슨의 고고한 문화제국주의를 치받으려는 저항 전술쯤으로 폄하하는 일도 경계할 것이다. 고다르가 염려하는 건 따로 있다. 유럽의 이데올로기적 '절멸'과 '내부 식민지화'가 한쪽 기둥이라면, 하는 수 없이 자신의 실직을 알리려는 소박한 고발은 우려의 또 다른 곁가지를 이룬다. 하지만 보다 냉정하게 영화의 흐름을 보면 유럽의 절망을 치유하기는커녕, 혁신과 변화의 아주 작은 대안조차 마련해주지 못하는 고다르는 자조自嘲적이다. 영화로밖에 말 못하는 감독에게 '흔쾌한' 말조차 명료하게 내던지지 못하는 무능은 영혼의 자유와 무관하다. 희망 없는 대륙을 고작 '사막' 쯤 비유하는 은유의 힘만으로 영화를 끌고 가는 건 꼼짝 없이 현실을 바라보며 그에 구속될 수밖에 없는 세계시민들의 무기력과 조금도 다르지 않다. 거울처럼 또렷하거나 유리처럼 투명하게.

정화되지 못해 가엾은, 고통에 상해가는 유럽.

되찾은 자유에 찬양받지 못하고 모욕당하지.

사막을 상상해봐.

이탈리아는 2천년 동안 우리를 지나치게 지배하고 있다.
프랑스인들에겐 그림도, 신혼여행도 이탈리아다.
미술관도 그렇고

UN은 1948년부터 해체상태고
범죄도 아랑곳없으니 그의 경우도 ....

제가 해고당한 것도 아세요?

고다르의 출구 찾기도 뜬금없는 인종주의나 은근한 반미주의로 기우는 건 영화적 무능의 면피용 핑계일까. 아니면 소외와 무력감에 젖어있는 집단적 자화상을 가리기 위해서일까. 그나저나 이즈음 '문명의 충돌'을 이야기하다 결국엔 인종적 편견 때문에 비판받은 사무엘 헌팅턴이 생각나는 건 왜일까.[61] 비유의 유사성? 인용과 진술의 친화력? '이념'의 기운이 다하면 빈자리는 '문명'이 메울 것이며 종교는 이때 중대한 매개자가 된다던 미국정치학자의 눈에 이슬람과 유교권이

61 Samuel P. Huntington, *The Clash of Civilizations and the Remaking of World Order* (New York : Simon & Schuster, 2011).

끝내 불편하기만 했던 건 현실의 또 다른 왜곡 아니었을까.[62]

문명권의 충돌이 아무리 쇼킹하더라도 중심자본주의국가인 미국의 위상이 약해질까 염려한 게 그의 속내였다면 지나친 상상일까. 마찬가지로 프랑스의 종속과 국력의 상대적 약화와 함께 익명의 실업자들 앞에서 속 쓰린 사람은 정작 고다르가 아니었을까. 프랑스의 위축과 퇴행이 미국의 그것과 비견되는 일은 그나마 위로대상일 수 있을 것이다. 하지만 뜬금없이 헐리웃을 공박하는 감독의 모습은 젊은 시절의 그를 거울처럼 되비친다. 어김없는 소셜리스트로 말이다. 그래도 희망은 여전히 프랑스에 있음을 알리기 위해서라도.

헐리웃이 영화의 메카인 이유

마호메트의 묘를 향하듯

모든 눈은 한쪽을 보죠.

이상한 건 할리우드를 유대인들이 만든 겁니다.

아돌프 주커, 윌리엄 폭스, 데이빗 셀즈닉, 사무엘 골드윈, 마커스 로, 칼 레믈리 등.

62 그는 이슬람과 중국 등 비기독교 문명권을 '위협'으로 간주하는 기독교 문명권의 시각을 버리지 않는다. 뿐만 아니라 주도적 문명권에 포섭되지 않는 소수민족(과 종족)들을 무시하는 데다 문명 충돌 이외의 (갈등)요인들을 외면한다.

그 모든 것에도 불구하고 삶은 아름다운 것이라오.

당신들에겐 친구가 있고 그들을 사랑하게 될지니

2부는 방송국 관계자들이 한 가족을 인터뷰하기 위해 향하는 내용으로 진행된다. 1부가 전형적인 필름 에세이라면 2부는 그래서 실험적 극영화 구조를 취한다. 2부에서 고다르는 민주주의의 원형에 대해 묻는다. 이 대목에서 중요한 건 곧 대사다. 무엇보다 아이들 입에서 간단치 않은 표현들이 자주 등장하는데 이를테면, "결국 프랑스 빚의 30%를 아이들이 짊어지게 될 텐데 왜 우리는 선거에 나갈 수 없나요?" 같은 질문 말이다.

하지만 늘 그렇듯, 문제는 민주주의에 대한 원론적 질문들이 정치현실 앞에서 무기력해지는 순간들이다. 감독 역시 과연 '권력'이 바라는 사회가 '개인'이 원하는 세상과 같은 것인지 끊임없이 의문을 제기한다. 2부는 결국 민주주의의 실패에 대한 영화적 기록이다. 대사는 관객에게 의미심장하게 다가오지만 대화는 아예 불가능하며 독백과도 같은 미장센들이 끝나지 않을 듯 이어진다. 1부가 방향을 잃어가는 유럽을 소재로 한 블랙코미디라면, 2부는 한없이 엇갈리는 국가와 이름 없는 개인들을 출연시킨 멜로드라마다.

어디로 가는가, 유럽이여 ;

아버지 : 오늘 내가 단언할 수 있는 유일한 행위는 "내가 했다."

영화로 보는 사회주의 : 고다르는 죽지 않는다

내 카센터를 카트린은 팔고 싶어 하고
그녀 친구가 사겠다는 데 그들의 일을 난 모른다.
난 청구서나 알 뿐 ….
지금 프랑스는 사상 최고의 위험에 처했다.
'나'라고 말하려면 '우리'라 할 줄 알아야지.
연극에서 벗어나려 싸우면서 비극에서는 그러지 못하고
모든 게 깨끗이 남아 있고
모두 개인사가 되고 서로를 모르지,
50년 동안 만천하에 전쟁이 터지고
거울 보듯 전쟁에서 자신을 보지.
우리는 시간을 벌고 생각에는 용기가 필요해.
이웃을 사랑하라니 우스워.
이웃에 해를 안 끼치려면 자신을 사랑해야지.
이젠 불가능해졌어.
법을 지키든지 어기든지 택일이지.

딸 : 아빠한테 안 물어봤어.

아버지 : 왜 우릴 사랑 않는지 난 네게 묻는다.
사상은 우리를 나누고 꿈은 확실히 우리를 이어준다.

아들 : 아니에요, 악몽이죠.

아버지 : 부계의 피 속에는 사랑과 교만이 흐르고, 증오가 ….
너희 오늘은 뭐로 우릴 괴롭힐래?

딸 : 난 남동생을 사랑해요. 우애에 대해 토론 중이죠. 자유는?

아들 : 자유는 다음에 말해요. 평등에 대해 말할 땐 욕을 해 드릴 게요.

아버지 : 좋아, 플로, 왜 너는 우릴 사랑하지 않는 거니?

국가와 개인만 엇갈리는 게 아니라 개인과 개인 사이가 벌어지고 끝내 균열의 틈바구니를 스스로 메우지 못하는 비극은 비단 프랑스만의 일이 아니다. 여기서 개인과 개인의 소통을 이야기하거나 민주주의의 고전 가치인 자유와 평등을 암송하는 일은 무의미하다. 게다가 '국가의 기원'으로 '가족'까지 회상하며 그 '신성성'과 '존엄'의 가치를 북돋는 행위가 오늘날 얼마나 공허한 지 함께 돌아보자는 것이다.

메마른 대화라도 나눌 가족이라면 '그들의' 해체와 분열을 이야기할 시간도 머지않았음을 직관으로 알리라. 이토록 척박하고 살벌한 말들조차 아버지와 자녀 사이에 오가는 집안이 의외로 많다는 사실은 새로운 '슬픔'이다. 자유는 다음에 말하고 평등을 얘기하려면 욕부터 해드리겠다는 아이도 이제 전혀 '아이'가 아니다. 세상 물정 꿰뚫었지만 단지 아이인 척하며 가족 속 배역을 위해 건성으로 제 자리 지키는 중이니까.

오늘은 무엇으로 또 괴롭힐 거냐고 묻는 아버지도 '살가움'은 잊은 지 오래다. 사랑이란 단어를 쓰긴 쓰되, 그건 관행이자 의무로 굳어버린 추상명사로 겉돈다. 과장하자면, 애당초 약속 따윈 지킬 마음도 능력도 없었던 국가처럼 아버지는 무늬만으로 지탱하는 최소의 권위이자 서글픈 권력이다. 아들과 딸은 한때나마 믿고 따르던, 아니 조용하며 순진했던 시민이다. 하기야 애초부터 되바라진 자식이 세상천지 어디 있겠는가.

그러나 궁금한 건 따로 있다. 이 같은 '무례'와 '절망'은 자본주의 사회의 말기적 양상으로 예정된 것이었는지, 아니면 지독한 우연이자 돌발변수로 애써 외면해도 괜찮은 건지 말이다. 적어도 사회주의체제의 완성을 기약할 필요조건으로 가족의 평화와 '우러나는' 사랑을 꼽는다면 이들은 줄곧 지탱할 가망이 있는 것일까. 국가의 해체와 계급의 소멸은 가족의 기본단위도 녹여 없애는 철의 원칙으로 작동하는 걸까, 아닐까.

영화로 언어를 대신하는 감독이 이에 답할 리 없다. 다만 암시하고 각인하며 반복 강조하되, 망각은 범죄보다 더한 삶의 위반임을 알리기 위해서라도 그는 쉴 여유가 없다. 빛나는 은유와 매력적인 인용을 거듭할 수만 있다면 '말이 영화에 앞선다'고 흔쾌히 말할 태세를 갖춘 '그'였으니까. 저 옛날, '존재가 본질에 앞선다'고 부르짖던 실존주의자들처럼. 잊을 만하면 반복 삽입하는 '혁명'의 메시지하며 국가간 갈등이라는 게 변제되거나 잊혀 질 개인 사이의 부채가 '절대 아님'을 알리려는 감독의 속내도 때로는 애처롭게 헤맨다. 다음의 '말'들도 일상의 대사를 넘어서는 추상의 껍질을 쉽게 깨지 못한다. 그 이유는 그의 영화적 방황에서 찾을 일이다.

타자는 일자一者안에 …· 일자는 타자 안에 그래서 세 사람이다.

우린 네 사람인 걸.

권리가 있지만 의무도 있단다.

어쨌든 말해 봐.

어머니, 우리는 디지털의 시대로 진입했어요.

여러 이유로 인류는 문제들과 부딪칠 거예요.

자신을 표현하는 호사를 못 누릴 테니

예를 들어 카센터도 소유권을 재분배해야 해요.

이걸 꼭 말해야겠죠.

혁명은 안타깝게도 ·· 우애는 ··

성 어거스틴을 읽죠.

"나는 내 행동을 비난하는 친구들을 가졌으나 내 존재를 비난하진 않는다."

난 아직 웃어요. 필요 없어진 지 오랜데.

내 혀가 다시 나와 진창 속으로 가네요.

난 이렇게 있어요.

더는 목마르지 않아요.

혀가 들어갑니다.

입은 닫혀서 이젠 일직선을 그립니다.

됐어요.

난 이미지를 만들었어요.

거의 모든 것. 곡식, 수학, 텔레비전 ····

이들은 소수素數만큼이나 많죠

텔레비전은 잘 모르겠는데

요즘 신경 접속은 기초적인 수단이 됐어요.

내 소견엔, 아프리카는 그래서 또 뒤떨어졌죠.

역사를 빼고도 그리 생각한단 말이죠?

언제나 잡놈들이 있어요.

바뀐 건 요즘은 잡놈들이 충실하단 거죠.

그들은 유럽을 충실히 믿죠.

유럽은 독일 음악가였고

프랑스 작가였으며

이탈리아 가수였죠.

'피가로의 결혼'처럼.

어쨌든 대단찮은 걸 만들어 방송하고

우선은 만들어야 하니 ···· 만들 줄은 아니까

아프리카[63] 북을 갖고?

지금은 저 사람들과 뭔가를 만들어보려 하죠.

'잡놈들의 충실함', '잡스런 존재들의 자발적 복종', '별 볼일 없는 유럽의 맹목적 지탱', 아니 '잡놈들이 접수하려는' 유럽. 쉽사리 도약하거나 함부로 빠질 결정론의 함정은 아닐 터다. 하지만 고다르를 항시 괴롭히는 표현의 '부족함'과 감각의 '우울함'은 단숨에 고칠 '증세'가 아니다. 차라리 그의 고유한 '징후'이자 '트레이드마크'로 방임해두는 게 나을 것이다. 그러다보면 이해의 끄나풀 같은 것들이 사건의 실마리처럼 풀릴 때도 있고 감독과의 의식적 동일시를 재촉할만한 경구警句들이 예기치 않게 우리를 툭툭 건드릴 때도 적잖으니까.

그런 생각으로 감독의 영화 동선動線을 다시 따라가 보자.

권력을 더 원하십니까?

어떤 권력도, 사회도, 국가도 원치 않아요.

미안하지만 이해가 안 가요.

63 고다르의 거듭되는 아프리카 인용은 눈에 띈다. 아시아와 라틴아메리카는 상대적으로, 아니 거의 배제된다. 무의식적 홀대일까, 아니면 의도적 '집중'일까. 미움? 불만? 인종적 편견? 이도저도 아닌 비의도적 반복?

국가의 꿈은 독존하는 것이고

개인의 꿈은 둘이 되는 것이죠.

사회주의의 꿈도 가망 없는 구호로 삭아드는 것 아닌지 의아해지는 건 이 순간이다. 자본주의가 본디 센티멘털한 체제인지, 공산주의 문 앞에서 견뎌야 할 통과의례이자 고단한 멜로드라마가 사회주의 시스템인지 변별하기 힘든 때도 이때다. 국가는 하나 같이 국민들의 효율적 통합과 일사불란한 복종을 바라지만, 익명의 개인들은 서로 다른 '둘' 혹은 '서넛'이 함께 가길 원하기 때문이다.

그런다고 손쉽게 이룩될 사회주의체제도 아니지만 감독이 주기적으로 애송하는 '혁명찬가' 역시 이 시스템이 덧없이 잊을 대상이 아니다. 프랑스 감독이 프랑스 혁명을 이토록 오래 참다 호출하는 것도 의아할 정도다. 하기야 그 혁명도 사회주의의 길로 접어들 가망이 절반은 있었으니까.

1789년 8월 4일 밤.

모든 사적 소유에서 벗어난 사람들과

공동체적 권리 하나만 남으리니

모든 프랑스인들에 유죄선고 적용되리라.

개인과 법 사이에 더는 어떤 은폐 막도 없다.

내가 일으킨 먼지와 네게 말 거는 것들을 경멸한다.

물론 틀림없다!

만세, 생 쥐스트 1789년 ····

20세의 아름다운 몸.

스무 살이 된 건 이성을 갖고 희망을 지키는 것.

이성을 갖고 정부가 잘못할 때

읽는 것을 배우기 전에 보는 법을 배우기.

짱 멋지지 않아요?

가엾은 것.

얘길 절대 안 듣는구나.

그렇지만 자신도 모르는 사이에

이 아인 결정적인 걸음을 이미 딛기 시작 했구나.

미지의 나라를 횡단하고 전진하면서 이 아이는

자신의 옛 천국의 경계를 넘어섰네.

이 어린 소녀와 다른 어떤 존재가 홀로 ····

다양한 의견의 완벽한 단결.

두려움 없이 어쨌든 모든 장애물을 넘어

진보는 사람을 타자에게 이끌죠.

프랑스 혁명에 이어 러시아 혁명도 잊지 않는 감독은 여전히 정통 사회주의자다. 영화로 혁명을 기억하며 필름으로 전투를 대신하는 그 일이 이제는 낭만임도 어찌 잊을 그일까. 하지만 이제는 아무도 거들떠보지 않는 그 시단事端들을 충실히 소환해내는 자체만으로도 영화사회주의는 역사적 소임을 다한다.

수단의 사금沙金은 흑인노예가 생산했다.
사하라 밀수의 주 품목이었다.
애굽Aigyptos
그러나 여러 세기 동안 이 금이
서방 이슬람의 결정적 무기였음은 덜 알려졌다.

태양과 죽음은 정면으로 마주 볼 수 없다.
여기, 금을 찾아다니는 두 여인이 있다.
황금 동맹의 만남에서
역사가는 그들의 이미지에서 찾지 않고 발견한다.
모든 언어의 이미지를 피신시키고 사용하라.
그들은 찾아내야 하는 사막에 있기 때문이다.

–포템킨의 계단이에요
–가엾은 바쿨린츄크
에이젠슈타인이 만들었던 영화인 '전함 포템킨' 덕분에
1905년 수병반란이 ····

시위에는 기쁨과 행복이 있었다.

자, 간다. 이제 당신 차례다.

병사들은 시위대를 쏘았다.

시위대 속에는 손이 있다.

주름 잡힌 감상이 아니라 이상향이, 우주를 잊게 하는 미소가 있다.

3부에서 감독은 고대 그리스로 눈길을 돌린다. 오늘의 암담한 유럽과 미래의 민주주의를 염려하면서도 과거의 그리스로 거슬러간다. 고전 민주주의의 뿌리이자 철학과 비극의 자궁인 그리스로 가려는 건 그리 놀랄만한 일이 아니다. 미래의 가능성을 찾기 위해서라도 감독은 근원으로까지 가보려는 것이니까.

헬라스 헬라스

아테네에서 민주정과 비극은 결혼했다.

페리클레스와 소포클레스의 시대에

그들이 낳은 유일한 아이는 내전이었다.

그리스 비극의 주인공은 죽어가는 육체를 말없이 전시한다.

불가능한 선언 대신에

라신느 / '비극의 법칙들'

나의 동생 이스메네여 아느냐?
오이디푸스에게서 비롯된 불행 중에서

오디세우스가 이타카에 돌아왔을 때
변장한 그를 알아보는 건 개뿐이었다.

그날 아침 경기장에서 아탈란타 쪽에 섰을 때 그는
전쟁이 제 삶의 중심이 될 것을 알았다.

프랑스 뉴스가 오늘 첫 뉴스를 전합니다.
찢어진 나라의 소식

왜 나는 예언능력을 이토록 갈망하나?
카산드라, 분별있게 굴어

싫어.
신의 계획을 승인할거냐

싫어.
그럼 입을 다물어
싫어.

꿈의 …· 나폴리

어쨌든 길이를 다시 도입하자.

삶의 깊은 곳의 구조보다 의미 있는 건

그것들의 파열지점이다.

갑작스럽거나 느린

갑작스럽거나 느린 훼손 말이다.

불행한 것은 우리가 모방한다는 점이다.

고대 지중해로 거슬러 올라가는 같은 모델을

—전염병은 옛날 일이다.

—고대 지중해는 향기와

—빛깔, 주장이 가득하다.

—전염병 없이는

—서구의 삶들도 함께

—진화하지 못했을 거다.

1943년 10월 1일 나폴리에 흑사병이 돈다.

같은 날 연합군은 해방군이 되어 진입한다.

이 불행한 도시에

자유는 대가가 비싸다.

그런데 자유는 금으로도 피로도 살 수 없다.

그러나 비열함과 매춘, 배신으로 살 수 있다.

북미인들은 해방된 듯하면서도

정복된 기분을 갖게 했다.

모두는 아니야!

바르셀로나, 스페인은 이 순간 빠질 수 없는 나라다.

죽을 수 있는 기회에

우리의 유토피아조차도

명확하게 알려져 있는 그 핵심은

독재자의 생각은 아니다.

전쟁은 한번 발견하지만 삶은 여러 번 발견한다.

더 충직한 진실

만세!

돈키호테 만세!

덧붙이자면 그건 손이 미치는 거리다.

법이 정당하지 않을 때 정의는 법보다 앞선다.

노 코멘트

〈필름 소셜리즘〉은 어디 지점에서도 자본주의체제를 향해 손수 방아쇠를 당기지 않는다. '절망'이니 '소외'니 하는 센티멘털한 절규도 되풀이하지 않는다. 그보다는 고전사회주의의 노스탤지어를 깃발 삼아 희망의 메시지를 꿈꾸며 역사의 막다른 길을 더듬는다. 과장하자면 '이제는 끝'이란 멘트도 얼마든지 가능하다. 그러면서도 모든 것의 뿌리인 과거에서 현재로 돌아오려 무진 애쓴다.

'법이 옳지 않은 경우, 정의는 법을 앞선다.'라는 경구로 영화는 끝난다. 영화 내내 우회적이고 간접적이던 감독은 결국 자신의 존재감과 영화의 표제를 한 치 오차 없이 묶는 정공법을 택한다. 자기 영화는 여전히 '정의'를 위해 존재하는 '정치'이며 옳지 않은 것들을 향해 전투적으로 살아남으리란 사실을 이번에도 어김없이 알리려 든다.[64]

그나저나 이번에도 마찬가지일 것이다. 영화가 끝나도 '추상'과 '난해'의 늪을 빠져나오기 어려울 것이란 예측은 아직 이 작품을 접하지 않은 이들에겐 '회피'와 '도주'의 핑계가 될 수도 있을 터다. 하지만 괜찮다. 제아무리 어렵고 화면이 흔들릴망정, 가망 없이 흔들리는 이 극단의 시대에 영화는 '생각할' 시간을 주기 때문이다. 이제는 이데올로기란 단어조차 생소해져버린 세상에서 자신이 몸담고 있는 체

64 http://blog.naver.com/satan_tango?Redirect=Log&logNo=110165259161 (접속일자 : 15/01/03)

제의 성격은커녕 '전체'를 헤아릴 여유조차 없는 이들에게 회고와 반성의 계기를 던져줄는지도 모른다. 또 누가 알겠는가. 이 시대를 (말기)자본주의로 인식하는 이들에게 오늘의 타락과 오염을 되돌아보며 '영화'가 '자기검열'의 순간들을 경험하게 할는지. 뜬금없고 엉뚱해도 견딜 일이다. 영화가 어디 꼭 스토리텔링의 도구로만 작동하란 법이 있겠는가.

IV.

원리주의 : 폭력의 미학과 복수의 굴레

세기말 사회주의가 퇴조의 길을 걷고 있을 때만 해도 밀레니엄의 새로운 지평은 꿈이었다. 하지만 그마저 지리멸렬 제자리걸음에 취해 있을 때 세상 눈길을 독점한 정치사상은 따로 있었다. 이 같은 변화기류를 거시비교하자면 그림의 역동성은 극명하게 다가온다. '1917년'과 '2001년'이라는 해는 천문학적 연대만으로 조준하자면 별다른 무게감을 지니지 못하기 때문이다. 하지만 이 연대가 표징表徵하는 '러시아혁명'과 '9·11테러'를 떠올리면 얘긴 달라진다. 어느 정도 사회과학에 관심 있는 사람들이라면 이들 숫자는 연대 그 자체로 인지·기억된다. 어느 해가 되었든 의미가 획기적일 때 '연대'는 사건을 밀쳐내고 기억의 맨 앞자리를 점유하는 아라비아 숫자로 선뜻 각인되는 까닭이다.

연상과 소환의 기억행위는 때로 벅찬 환희나 견디기 어려운 고통을 동반하면서 그 해, 그 날의 숱한 인문학과 정치사회학을 낳는다. 이들 두 연대 역시 마찬가지다. '러시아 혁명'과 '9·11' 혹은 '볼셰비키'와 '그라운드제로Ground Zero'로 뿌리깊이 각인된 '1917·2001'의 편견의 정치학은 각기 네 개의 숫자가 환기시키는 기발한 폭력의 메시지들로 채워진다. 최초의 사회주의혁명으로 1917년의 러시아 혁명과 레닌은 자웅동체였고 훗날 숱한 모방과 추종대상이 된다. 2001년과 오사마 빈 라덴도 앞의 경우를 거울처럼 되비친다. 미 본토침공이란 전대미문의 사건도 사건이지만 발상과 기획의 예외성을 기어이 실행한다는 투지와 실천의 극단성이 돋보이기 때문이다. 특히 오사마의 결행은 차르를 무너뜨리고 그의 권좌를 볼셰비즘으로 대체하는 '붉은 혁명'과는 내용과 성격에서 다르다.

문제는 이들 두 연대의 비교우위를 따지거나 무게 '견주기'가 아니다. 그것은 앞으로도 지속될 탐구주제일 것이다. 게다가 [1917–2001] 사이의 시간대를 이끈 — 대시dash의 — 정치사상들의 단절과 지속을 살피기 위해 사회주의의 퇴조를 진단하고 이를 대체하는 후발사상들을 헤아리는 게 더욱 가치 있는 작업이었을 터다. 하지만 오해는 말자. 사회주의가 본원적으로 미욱하거나 본질적 모순이 깊어 이슬람이나 무슬림들이 등장한 건 결코 아님을 말이다.

이런 측면에서 둘은 상호의존적이지도 않고 상호보완적이지도 않다. 뿐만 아니라 '영화가 뿌리친 정치사상'을 논의하는 이 자리에서 이를 천착하기란 어울리지 않는다. 눈여겨보아야 할 중요한 문제는 지난 세기 이후 우연처럼 반복되는 폭력현상이다. 그것은 세기 초 정치폭력의 거시적·구조적·주기적 유사성이다.[65] 되돌아보건대 사회주의가 제 역할을 다하지 못하여 이슬람 폭력주의가 과격화한 건 아니다. 둘의 상관성은 거의 높지 않으며 각기 그 사상적 자율성을 누리고 있다는 차별성만으로도 고유의 독자적 폭력성을 지닌다.

무엇보다 두드러진 현상으로 지난 세기와는 비교할 수 없을 정도로 막강해진 이슬람 폭력의 극단적 과격화 경향과 그들의 압도적 전진배치에 주목해야 한다. 둘은 무관하되, 후발폭력의 기발한 성장이 전자의 존재감과 기억을 무기력하게 만들고 더 퇴색시킴으로써 위상을 한층 강화한다는 사실은 매우 중요하다. 21세기에 들어와 더욱 글로벌해지는 이슬람 '극단주의'는 본디 '근본주의', '원리주의' 등에 가려 힘의 실체를 제대로 볼 수 없었다.

그러나 9·11을 비롯하여 IS의 극적인 폭력[66]사용과 중동전역에

65 우연의 일치라고만 보기에는 예외적인 학문적 적극성도 감안해야 한다. 하지만 세기초면 반복되는 폭력의 빈발만큼 정치적 대변화의 흐름이 세기말마다 역사적 주기성을 지니는 사실은 아무리 강조해도 지나치지 않다. 특히 파리코뮌과 동베를린 장벽이 무너지는 19세기 이후 세기말 변혁의 글로벌 효과는 정밀 측정이 불가능하다. 이들 효과의 역사적 발원지로 프랑스 혁명의 폭력적 파장까지 염두에 두자면 역사의 '법칙성'까지 의식해야 할 정도다. 이에 관한 최근의 논의로는 Jack A. Goldstone, *Revolutions : A Very Short Introduction* (Oxford : Oxford University Press, 2014); Mark N. Katz, Ed., *Revolution : International Dimensions* (Washington D.C.: CQ Press, 2000); 크리스 하먼 지음·한성근 옮김, 『21세기의 혁명』(서울 : 책갈피, 2011). 특히 세기말이면 어김없는 혁명의 되풀이를 서양회화와 연관시켜 추적한 경우는 더 흥미롭다. 이에 관해서는 다음 참조할 것. 스테판 욘손 지음·양진비 옮김, 『대중의 역사 : 세 번의 혁명 1789, 1889, 1989』(서울 : 그린비, 2013). 여기서 저자는 자크 다비드와 제임스 엔소르, 알프레도 자르 등의 회화 이미지에 주목한다.

66 2015년 1월 7일, 파리의 주간 풍자신문 샤를리 에브도*Charlie Hebdo*를 덮친 IS가 심지어 유소년 테러리스트들을 양산하려 한다거나 10대 무력사용과 총기살인을 유도하기 위해 군사훈련을 실시하는 일들을 일컫는다. 그들이 주입하려는 메시지는 이를테면 '이슬람을 믿지 않는 자들은 모조리 죽여야 한다'는 종교 정치적 콘텐츠까지

폭넓게 퍼져있는 자살폭탄테러의 위협과 실천은 과거 사회주의혁명의 폭력성이나 신자유주의가 심어놓은 집단적 피로정도의 콘셉트들을 단숨에 날려버리는 중이다. 모든 사상이 그렇듯, 이슬람의 과격화도 이론의 해석과 실천과정에서 이끌어낸 '적용의 정치학' 때문이다. 처음부터 근본주의니 원리주의니 하는 용어들을 사용했던 게 아니라 알라의 가르침을 실생활에 적응하고 삶에 대입하는 집요한 종교적 과정에 폭력미학이 개입한 것이다.

가깝게는 폐쇄적 패션의 극치인 베일의 권력화로부터, 멀게는 영구적 반미항전의 깃발을 드날리는 군사적 폭력주의, 즉 성전聖戰the Holy War의 확장에 이르기까지 이슬람의 친폭력성은 간단치 않은 역사를 지닌다. 그 같은 혐오와 반감이 언제 어디서부터였는지 따지는 건 힘겹지만 이슬람을 부정적 인식 대상으로 받아들이게 된 건 곧 '극단주의'가 심어놓은 지독한 편견의 결과로 보아야 할 것이다.

먼저 분명히 해두어야 할 사실은 무슬림들 모두가 극단주의자는 아니며 폭력을 선호하는 건 더더욱 아니란 점이다. 다만 모든 종교가 지니는 (유난스런) 1. 자기중심적 사고체계와 2. 자기미화적 자세, 그리고 3. 치열한 결정론적 인식 등은 신념 강도를 크게 키울 의식적 근거

서슴없이 담는다. 프랑스에 이어 주변 유럽국가로까지 세력을 넓히려는 이슬람 극단주의에 관해서는 다음 기사 참조. http://www.hankookilbo.com/v/74ec2d55afdf4de3b48f98482e0a7a26 (접속일자 : 15/01/16)

가 되기도 하고 상황판단의 지나친 촉매역할을 할 때도 있다. 정도가 지나치면 믿음도 독이 되고 걷잡지 못할 종교적 열정에 갇혀 헤어 나오지 못하는 경우를 이슬람 극단주의 역시 잘 보여주는 셈이다.

순수한 기도행위로 1. 침묵과 2. 기다림이라는 자세가 모든 종교의 공통적 수행요건이듯 이슬람과 알라 그리고 코란의 관계는 기독교와 예수, 바이블의 그것을 크게 뒤집지 않는다. 하지만 고도의 자기존중, 즉 유일신으로 알라를 찬미하고 자신의 모든 고난을 견뎌내기 위해 무슬림 보편이 지니는 믿음의 '강제compulsion'는 종교적 자부심으로 잘 드러난다. 미래가 알라의 주장과 가르침대로 완성될 것이란 믿음은 그와 유사한 일체의 종교를 부정하고 배제한다. 이슬람의 배타성이 두드러지는 까닭이다. 코란의 기록은 곧 알라의 믿음이며 그 안에 오류와 모순은 '있을 수 없다'는 생각이 자연스레 솟구친다. 무슬림이 믿는 모든 것들이 세상 정의의 기준이자 근본이며 나아가 원칙적 기본이란 생각은 이슬람의 정치적 자존을 배양 · 숙성시킨 정신적 토양이다.

이 같은 강력한 자기중심성은 자신들을 향한 어떤 간섭과 부정도 용납하지 않겠다는 공격 근거가 된다. 자기목적의 관철을 위해서라면 지상의 어떤 수단도 합리화되며 고결하게 복무할 수 있다고까지 생각하는 것이다. 어떤 공격과 폭력도 알라를 위해 불사할 수 있다는 인식은 그들의 단순한 믿음이자 근본 실천원리로 생활 속에 뿌리내릴 수 있었다. 그것이 위험하다거나 무리한 방법이란 의식 자체가 그들 사회에선 수용되기 어려웠던 셈이다.

바로 이 지점에서 '침묵'과 '기다림'이라는 보편적 종교행위가 이슬람 폭력의 정치적 명분과 친화한다. 묵묵히 기다리며 기도하는 종교적 의무 역시 그들 모두의 생활양식으로 자리 잡는다. 여기서 이슬람 극단주의는 크게 두 가지 유형으로 나뉜다. 1. 자기파괴형 폭력[67]과 2. 집단공격형 정치행태[68]가 그것이다. 여느 경우와 마찬가지로 이들 폭력이 문제해결을 위해 가장 1. 빠르고 2. 단순하며 3. 분명한 정치수단이 되는 것[69]도 물론이다.

극단적 행태는 '둘'일지언정, 그들의 목표는 한곳으로 절묘하게 모인다. 효과적 절규와 집약적인 공포의 동원 그리고 지속적인 자기존재표출은 분명 '영화적' 현상이다. 하지만 정작 영화는 '거리두기'에 나선다. 특히 영화는 좀처럼 이슬람의 정치화나 폭력과의 친화를 정면으로 다루지 않는다. 정치사상의 팽창과 자기분열의 현실과는 동

67 이에 관해서는 다음 연구들을 참조할 것. 조윤오, "자살폭탄 테러범의 특성 및 동기에 대한 심리학적 고찰," 한국경찰학회(편), 「한국경찰학회보」 제40호(2013), pp. 135-159; 손주영, "급진주의 지하드관의 형성과 발전," 한국이슬람학회(편), 「한국이슬람학회논총」 제16집 1호(2006), pp. 27-57.

68 세기말을 전후한 이슬람의 집단폭력 확장에 관해서는 다음 논문들을 참조할 것. 정민주, "1990년대 중동의 반미 테러 연구 : 1993년 세계무역센터 폭탄 테러와 1998년 케냐-탄자니아 주재 미 대사관 폭탄 테러," 서울대학교 대학원 외교학과 석사학위논문(2010); 임영신, "9 · 11 테러 사건의 발생 요인 : 오사마 빈 라덴의 개인적 차원에서," 경희대학교 대학원(편), 「고황논집」 제31호(2002), pp. 149-174.

69 박종성, 『한국정치와 정치폭력 : 해방 후 권력과 민중의 충돌』(서울 : 서울대학교출판부, 2001), pp. 5-6.

떨어지게 영화문화의 방관과 외면은 이슬람을 '주제'로 인식하기보다 편파적 '소재'나 삽입적 디테일쯤 이해하는 주변부적 사고를 양산한다.[70] 사회주의 퇴조 이후 실질폭력의 전위로 급성장했음에도 불구하고 무슬림의 속내와 정치적 진정성을 영화중심에 올려놓으려 하지 않았던 까닭이다.

이슬람 여성의 억압적 삶이나 남성들과의 사회적 단절을 다루는가 하면 페미니즘적 분노와 무슬림의 배타적 심리를 여과 없이 수용하려는 자세는 이제껏 영화의 주류를 이룬다. 하지만 저들을 단지 위험대상으로 동일시해 버리거나 자칫 차도르나 히잡 아니면 니캅과 부르카로 이슬람 여성들을 단숨에 숨겨버리려는 패션 정치가 전부라는 표피적 결정론도 경계해야 할 영화적 오류다. 따라서 무슬림을 무슬림의 입장에서 조명하는 일은 영화에서도 매우 어렵다. 무슬림 국가에서 만든 영화로 이를 보면 간단하게 해결될 것 같지만 문화의 배타성과 편견의 정치학을 민족주의적 시각의 대립만으로 뛰어넘기란 쉽지 않기 때문이다. '문명의 충돌'까진 아니어도 시대를 관통하는 지배적 사상의 한 흐름을 다른 진영에 서서 어설피 다룰 수 없는 까닭

70 덥수룩한 수염, 까칠한 피부, 또렷하지만 분노와 의심에 가득 찬 검은 눈동자, 단순한 색조의 옷차림 등은 무슬림 남성을 연상시키는 대표적 아이콘들이다. 그 곁에 베일로 한껏 가린 여인들의 예민한 눈빛이 떠오른다든지, 기껏 폭탄이나 던지며 세상을 놀라게 하려는 존재쯤 무슬림을 각인하려는 편견이 좀처럼 깨지지 않는 건 비단 영화에서만이 아니다.

이다.

영화로 정치를 읽는 일이 삶을 이해하는 완벽한 도구가 될 수 없는 이치와 이는 서로 통한다. 자본주의를 공박하고 극복하는 시대의 대안으로 사회주의의 시효를 묶어둘 수 없듯, 공산주의의 이데아를 실현시키지 못했다 하여 오늘의 이슬람 사회에 미래의 혁명을 온전히 담보할 순 없을 것이다. 무슬림이 흔드는 '반미결사항전' 깃발 아래 숨어 과거 소비에트의 탐욕과 무능을 공격하는 일이 무책임한 것처럼, 여전히 강고한 자본주의체제의 부가가치를 누리는 미국이 얄미워 알카에다와 지하드의 폭력에 맹목적 찬사를 보내는 일도 비겁하긴 매일반일 것이다.

'무슬림'을 '무슬림'으로 보는 일이 그들이 '적'으로 간주하는 주변 진영을 더욱 강고히 자극하고 조율과 화합보다 대결과 경쟁을 부추기는 일은 영화에서 얼마든지 체험가능하다. 정치사상의 합리적 교화수단까진 아니어도 영화가 여전히 문화중심이 될 수밖에 없는 이유도 여기서 되살아난다. 공연히 무슬림을 미워하지 말라고, 까닭 없이 자본주의진영을 경계하거나 배척하지만 말라고 말이다.

영화가 사람을 가르치는 텍스트 이상의 의미를 지니는 경우는 적잖다. 다음 두 경우도 마찬가지다. 무슬림을 향한 편견과 오해를 풀기 위해서라도 영화를 작품으로 존중해야 할 이유는 분명하기 때문이다. 그런다고 쉽사리 깨질 편견들이 아닌 건 서로 잘 알 일이겠지만 천천히라도 이를 줄이려는 노력의 단서조차 없던 과거를 감안하면 이들은 차라리 가상할 것이다.

IV–1. 미움과 분노 사이 :

— 〈클린스킨〉(2012) : 하디 하자이그

하고 많은 타이틀 가운데 '클린스킨'이란 용어를 떠올린 감독은 기발하다. 물리학 용어로 '완탄충(完全彈性衝突)'을 연상시킨다고 할까. 아니면 어느 한쪽이 죽거나 사라져야만 그제야 다른 한쪽 가늠할 콘셉트? 고고孤高하다 못해 치열한 서로가 더없이 성실한 적이 되어가고 있다면 피곤한 건 구경꾼들일 것이다.

본디 이 단어는—오세아니아권에서—낙인찍지 않은 동물, 즉 방목이든 사육대상이든 판매와 도살 이전의 자유를 누리는 '날 것'들의 '순수'와 '자유'를 지칭한다. 그런가하면 영미권 일반의 속어로 '전과前科 없는 사람'을 뜻하기도 한다. '깨끗한 피부'라는 본래 의미를 연상해도 괜찮다. 하지만 치열한 갈등관계에 놓인 적과 동지를 향해 이 단어의 의미를 들이대면 단어의 고결함이나 청순함은 묽어진다. 서로가 자신만의 깨끗함을 부르짖는다면 누가 상대의 순수를 깎아내릴 수 있겠는가.

〈클린스킨*Cleanskin*〉이란 단어의 정치적 메시지는 따라서 명쾌하다. 순진하리만치 배타적이고 우스꽝스러울 정도로 자기중심적이기 때문이다. 세상 무엇과도 구분되는 순수와 때 묻지 않은 고결함을 뜻한다. 여성이라면 정조나 성적 순결을, 남성이라면 지조 아니면 의연한 결기를 내뿜는 모습부터 먼저 떠올리자.

동물로 말하자면 시장에 팔려나갈 목축도 아니요, 도살과 요리대상으로 분류되지 않는 방목의 무리다. 몸 어디에도 불도장火印이나 색도장色印 찍히지 않은 자연대상 그대로. 하지만 문제가 없는 건 아니다. 너무나 깨끗해서 쉽게 오염될 수 있고 상처와 질병에 약하기 때문이다. 홀연히 빛나되 쉽게 꺾일 수 있고 늘 순수하다고 여기지만 더럽혀지는 순간 죽음보다 더한 분노와 치욕으로 고통 받는 존재이기도 하다.

주목할 것은 이 '튀는' 단어를 2012년에 제목으로 달고 공개한 영화가 감독, 하디 하자이그Hadi Hajaig의 데뷔작이란 점이다. 처녀작 이름이 하필 '클린스킨'이라니. 이게 의도적인지 아닌지 까지 필자는 알지 못한다. 다만 느낄 뿐이다. '미움'과 '분노'의 정치사상을 다루려는 영화적 순수가 타이틀만으로도 충분함을 말이다.

영화의 무대는 영국이다. 영화의 중심이 할리우드에서 런던으로 옮겨가고 있다는 사실 말고도 이슬람의 극단적 원리주의가 자신들이 미워하는 이들과 조금이라도 친하면 모조리 적으로 간주하기 때문이었을 것이다. 캐나다라도 상관없고 프랑스라도 문제없었을 것이다. 플롯 역시 의외로 간단하다. 폭력의 메시지란 본디 수식도 가감도 필요치 않기 때문이다. 목적만 달성하면 더 이상 멈칫거리거나 방황할 이유도 없다. 영화 안에서 주연과 조연을 분간할 필요가 없는 이유다.

테러로 목숨을 잃은 아내의 복수를 위해 무슬림을 향한 적개심을 불태우는 전직 정보요원 '이완Ewan(Sean Bean扮)'의 의지로 보나, 뼛속

까지 반미항전의 깃발로 무장하여 승리의 꿈을 이루기 위해 결의를 다지는 '애쉬Ash(Abhin Galeya扮)'의 생각을 통해서나 서로가 서로를 죽여야 할 이유는 또렷하다. 안 그래도 제로섬으로 볼 수밖에 없는 두 사람의 목표는 허망할 정도다. 영화의 구도나 서로의 적대의식도 여기서 한결 긴박하게 타오른다.

비밀리에 운반하던 폭탄을 테러범들에게 빼앗긴 첩보국 비밀요원 '이완'은 직위해제를 당한다. 다음 날, 자신이 빼앗긴 폭탄이 런던 한복판에서 터지자 첩보국은 어느 누구도 믿을 수 없는 상황이 되고 이에 '이완'의 상사였던 '샬롯'이 그에게 테러범들을 색출하라는 임무를 은밀히 맡긴다. '이완'은 파트너를 지키지 못했다는 죄책감과 복수심으로 더 대담해지는 테러범들을 필사적으로 추격한다. 극중에서 사랑하는 아내와 동료, 직장까지 모두 잃은 그가 테러범들을 뒤쫓고 이에 맞서 대담한 테러작전을 수행하는 테러범들의 모습은 고스란히 정치 아니면 감상의 제로섬을 이어가는 꼭짓점들이다. 이들이 맞부딪치거나 어긋나며 영화는 긴박하게 전개되고 런던 한복판에서 일어나는 폭발 신과 총격전은 몸을 내던지는 격투와 함께 그 중심을 이끄는 대척점들이다.

그러나 영화의 흥미는 믿고 따르던 아군 내부의 적전 균열과 의심의 자락들이 커져갈 때부터 모습을 바꾼다. 이완의 수하手下로 끝까지 듬직할 줄 알았던 '마크Mark(Tom Burke扮)'가 되레 이완을 죽이려 든다든지, 그 같은 변절의 끝자락에 작전 지휘자 샬롯이 있음을 눈치 챌 때까지 관객들은 끈질기게 견뎌야 한다. 적은 밖에 있는 게 아니라 안에 있으며 그것도 믿고 따르던 힘의 정점에 숨어있음을 아는 순간은 누구나 괴롭다. '가장 가까이 있는 자가 가장 깊이 찌른다'는 사실이 '수용해야 할' 허구가 아니라 '인내해야 할' 노동이란 걸 알아차리는 일말이다.

영화는 끝까지 국가의 준비된 음모를 공개하지 않는다. 다만 의심의 여운과 반전의 단서만 지뢰처럼 파묻는다. 알아서 상상해 보라고. 다음처럼 넘겨짚는 일도 무방하다. 모두가 '국가의 자식the Son of the State'임을 공인한다 하더라도 대놓고 배반하며 암암리에 저버리는 공권력을 향해 분노와 미움을 느끼지 않을 자, 과연 몇이나 있을까.

영화 속 어디에선들 국가의 진솔한 고백을 기대하기 힘들다면 음모와 비밀의 코드는 어찌 풀어야 할까. 다음 물음에 대한 답변의 진술도 불명확하고 미덥지 못하긴 매일반이다. 그럼에도 불구하고 영화는 의심의 내역들을 찬찬히 이어간다.

1. 국가의 기밀을 끝까지 담보·지탱하지 못한 요원들은 사라져야 하는가.
2. 국가의 명령이 '도덕'과 '윤리'로 온당치 않을 때 이를 수행한 자의 행적과 기억은 궁극적으로 폐기되어야 하는가.
3. '폭력을 제거하기 위한 폭력'은 국가에 의해서만 종결 가능한가.
4. 이때 '국가'란 '기관'인가, '인간'인가, 아니면 행정적 제도 '권력'인가.
5. 이를 '강제'할 최후·최고의 '힘'은 어떻게 동원·집행되는가.

6. 그 역시 폭력이나 그에 준하는 기운일 수밖에 없다면 궁극의 실체는 물리적으로 인식 가능한가.
7. 국가의 위기는 조작 대상일 수 있는가.
8. 이를 위한 국가의 내부적 긴장 동원과 통합 자원으로 테러는 '기획'의 주제가 될 수 있는가.
9. 테러의 각성효과는 체제와 권력의 힘인가, 짐인가.
10. 깊이 알고, 많이 알며, 멀리 아는 자는 제거되어야 하는가.

은밀한 국가계획에 따라 명령을 수행하는 자가 과업의 이행과정에서 겪는 불신과 극도의 실망은 국가폭력의 정당성에 의문을 제기한다. 뿐만 아니라 적과 동지의 관계는 물론 선악을 둘러싼 근본적 회의에 부딪치는 것도 사실이다. 악은 적의 전유물이 아니라 최고선의 변절과 배반에서 새삼스러워지며 일상의 적에게 품고 있던 선악관계도 혼돈 대상이 된다. 재조정이 필요해 진다. 그런다고 갑자기 적이 동지가 되는 건 아니지만, 분명한 건 선악의 가치체계가 절대적 대등성이나 항구적 길항관계만을 핵으로 삼지 않는다는 사실이다.

동지 사이의 가치체계가 악과의 대립구도를 선명히 할 때 이 같은 상대성은 좀처럼 모습을 드러내지 않는다. 하지만 적대관계로 인한 부정적 인식과 그 익숙함은 새로 깨달은 악의 실체 앞에서 당연히 희석되고 옳고 그름의 판단은 물론 향후 행동방향을 결정하는 데 더 오랜 회고와 반성을 재촉한다. 여기서 분명히 할 것은 국가폭력이 절대적 자기완결성을 지니지 못한다는 사실이다.

뿐만 아니라 '행동하는 자'의 막후에서 기획과 명령은 물론, 종국에는 '그를 죽이라' 명령하는 위인 역시 단 한순간도 국가를 배신한다고 생각지 않는다는 아이러니에 주목해야 한다. 이른바 '애국'이란 미명아래 '배신'과 '충성'의 단위들 각자가 편안한 도피나 안주의 핑계마저 마련하는 것도 국가가 심어놓은 폭력의 부산물일 것이다. 엄밀히 따지자면 국가 그 자체야 무슨 죄이겠는가. 그에 기대어 요원들을 더 격분시키고 눈앞의 적을 한층 미워하며 타는 가슴으로 돌진하게 부추기는 국가의 숨은 권력들이 정녕 못된 악임을 영화는 잘 보여준다.

정치적 이익을 한껏 채우고도 또 다른 반대급부를 위해 외부의 적을 만들고 이를 왜곡·확장하면서 국가 내부의 분노와 증오 혹은 충성심을 자극하는 건 오랜 여론조작을 위해 사용해온 술책 가운데 하나다. 특히 국가구성원들의 자발적 희생을 유인하는 고도의 정치조작은 이슬람 원리주의진영은 물론, 서구 역시 예외가 아니다. 영화는 결국 그 같은 배후세력의 조종과 음모를 수행하는 동안 '클린스킨'이란 용어를 무색케 한다. 꼭두각시로 전락해버린 자들을 묘사하기 위한 은폐와 두둔의 콘셉트치고는 유난스러웠던 셈이다. 더러운 동기와 치사한 속내를 감추기로는 이만큼 깨끗한 이치가 더는 없었을 테니까.

이 점에 유념하면서 영화 속으로 들어가 보자. 특이한 점은 분노의 화신으로 숙성되어 가는 젊은 무슬림의 경험지평이 예외적으로 친자본주의적인데다 런던에서 한창 학업을 진행하는 대학생이란 점이다. 자본주의 심장부에서 살며 공부하되, 미움과 공격의 화살도 당장 보고 듣는 이들을 겨냥한다는 사실이 이채롭다. 미국을 미워하는 애쉬에게 아일랜드 지도자, 제리 아담스Gerry Adams는 여전히 히어로다.

애쉬(라프) : 존 사령관은 신페인과 평화조약을 체결했습니다. IRA의 폭력적인 활동 때문에 그렇게 됐지요. 테러리스트에서 정치가로 전향한 제리 아담스는 변화를 강요하며 폭력과 법적 행동을 동시에 사용했습니다. 변호사를 대동하고 말입니다.

닉 : 제리 아담스는 살인자입니다.

교수 : 여기는 법학과다. 정치토론회가 아니야.

애쉬 : 사실, 오늘날의 관점에서 보면 그를 인정하고 받아들일 수 있습니다. 그는 차를 마시자고 초청받았어요. 총리 개새끼한테서요.

교수 : 애쉬, 예의 좀 지키게.

애쉬 : 죄송합니다. 그는 폭력 그 자체라고 말할 수 있습니다. 폭력투쟁을 통해 만들어진 이스라엘을 보세요. 지금은 국제적으로 공인된 국가입니다. 미 대륙에서, 미국의 조상들은 영국과 싸웠습니다. 그들은 승리했고 지금은 어떻습니까? 지구상에서 가장 큰 초강대국입니다. 왜냐고요 ? 폭력이 최고의 방법이기 때문입니다. 모든 판례에서 그들의 지배력과 정당성을 인정합니다. 법은 진정한 폭력 앞에서는 무기력합니다. 그 어떤 국가에서도 마찬가지입니다.

닉 : 너희 국가는 어떠냐?

교수 : 애쉬, 얘기 좀 하지? 자네는 빈틈이 없지만 꽉 막혔어. 유감이네.

꼬드기고 불붙이기로는 무슬림이라 하여 조금도 다르지 않음을 영화는 강조한다. 이슬람은 도리어 의연함과 순수한 열정으로 스스로를 정의롭게 포장한다. 선전과 선동은 타자에게 악의 논리를 선명하고 과감히 덧씌울 때 효과적이다. 적의 전략을 거울처럼 복제하는 일은 적어도 동지들에겐 들키지 않을 과업이었다. 열정의 적극적 맥락만 잘 타면 어느덧 공격주체가 도덕적이며 종교적이거나 오롯이 정의의 화신으로 변모하는 일도 진영의 정치논리에서는 다반사다.

일찍이 애쉬의 사람됨을 눈여겨본 동포, 나빌 알라위는 젊은이의 가슴에 불을 지핀다.

나빌 알라위 : 우리는 이 땅을 점령한 서양 돼지들과 맞서 싸워야 한다. 놈들은 우리 것을 빼앗으려고 미소 짓고 와서는 우리들을 서로 싸우게 만들었다. 소위 민주주의라는 이름아래. 만약 네가 이슬람교도들의 학살에 대해 따진다면 너는 극단주의자다. 응? 그렇지?

아이들 : 네, 네.

나빌 알라위 : 하지만 네가 따지지 않는다면, 응? 침묵하고, 가만히 있다면, 응? 너는 좋은 이슬람교도다. 그렇지? 마치 개새끼처럼, 그

놈들은 너희들에게 뼈다귀를 던진다. 하지만 계속 너희들을 개줄로 묶어 둔다면, 응? 너희들은 이슬람교도의 특성을 알고 있다. 내 얘기가 바로 그거야. 그는 자신을 창피하게 생각하고 서양이름을 쓰고 있다. 서양 주인처럼 생각하고 느끼려고 한다. 그놈처럼 살려고, 그놈처럼 되려고! 너희가 그놈들에게 말한다. 친구, 네가 그놈들에게 말한다. … '이슬람교도의 학살을 중지하라.' 그러면 놈들이 말하겠지. '너 이 무식한 외국놈아.' '너는 내 멋진 인생과 나라를 망치기를 원하냐?' 응? 영국 축구팀 셔츠를 입고 있는 놈은 바보다. 그 놈이 말한다. '아, 우리는 경기에서 이겼다.' 응? 그러면서 똑같은 셔츠를 입고 있는 옆 사람에게 그 놈은 「파키(스탄인)」라고 부른다, 응? 검둥이란 뜻이지. 자신들에게 물어봐, '내가 누구지?' 정말?

수업 도중 생각 차이로 맞붙은 애쉬와 닉은 급기야 같은 반 여학생 케이트를 놓고 격돌한다. 안 그래도 애쉬를 평소 같잖게 보던 닉은 애쉬와 케이트가 사귄다는 사실이 역겨웠다. 그 자체만으로도 어깃장을 놓고 팠던 차에 때마침 술집에서 마주친 셋이 맞부딪치는 건 시간문제였다. 닉의 억센 손길이 케이트를 향하자 애쉬의 주먹이 가만있을 리 없었다. 단번에 닉을 때려눕힌 젊은 동포의 분노가 식기 전, 나빌이 그 틈새를 파고든 것 역시 머리회전 속도와는 관계없었다. '달래기'와 '부추김'이 엄연히 다름을 알면서도 의식화 작업과정을 게을리할 수 없는 건 사회주의진영이나 이슬람권이나 다르지 않다.

애쉬 : 내 행동이 정당했다고 생각해요.

나빌 : 가끔은 관심을 얻으려면 보통 남들이 하지 않는 일들을 해야 하지. 우리 같은 사람들은 대부분의 사람들이 인정해주는 일을 해야 해. 아프가니스탄에서, 응. 우리는 관심을 받으려고 싸워야 했어. 그리고 러시아로부터 독립했지.

애쉬 : 거기 있었어요? 어땠는데요?

나빌 : 전쟁터에서 일어나는 일들은 자네와 신만이 알지. 나는 지금 여기에 있네. 신은 천국으로 나를 들이지 않을 걸세. 하지만 나는 만족하네, 자네도 알지? 만족은 생각하기 나름이야. 팔레스타인들처럼.

애쉬 : 법이란 저에게 없습니다. 저는 위선자가 되고 싶지 않아요.

나빌 : – 곁에서 제 의자 위에 올라가 춤추며 흐느적거리는 젊은 동포를 보며 – 봐 보게. 저놈들을 품위 있는 인간이라고 할 수 있는가, 응?

애쉬 : 그냥 놀고 있는 거예요.

나빌 : 친구, 절대, 우리는 저놈들처럼 되면 안 되네.

젊은 대학생답게 항전 의지로 넘쳐나는 그의 주변에 '젊은 사자'들이 우글거리는 이유도 이해 못할 바는 아니다. 미국을 미워하며 최후의 1인까지 아메리칸의 심장에 비수를 꽂으려는 무슬림의 분노를 에서까지 역사로 따지거나 이론으로 캐진 말자. 단지 이 같은 싸움을 성전이라 여기며 죽음으로 임하려는 자세를 진솔히 다루는 감독의 의도에 주목하자. 극단주의 무슬림 모두가 반복하는 것처럼 애쉬 역시 결전에 나서는 의지를 셀프 영상으로 남기는데 어김없다. 스피디한 스토리텔링에 힘입어 필름 막판에 깔리는 애쉬의 백 보이스는 한결 단호하다.

이유를 찾는 사람들은 내가 하는 말을 주목해주기 바란다. 아주 오랫동안, 당신들은 주변에서 일어나는 일을 무시했다. 당신들에게 직면한 것들을 못 본 체 했다. 내 행동의 필연성을. 당신들은 내 사람들의 고통에 침묵으로 일관했다. 당신들은 계속 침묵했다. 언론은 당신들에게 아무런 영향력이 없었다. 정치도 당신들에게 아무런 영향력이 없었다. 아프가니스탄, 이라크, 팔레스타인 등등 당신들은 계속 이들 국가를 무시했다. 당신들은 우리의 행동에 당황할 것이다. 당신들의 퇴폐적인 세계는 타락했다. 행동하지도, 움직이지도 못한다. 시간 속에 갇혀 있다. 그래서 지금 나는 당신들이 이해할 수 있는 언어로 당신들과 소통하려 한다. 내 언어는 죽음이다. 당신들의 피와 내가 그들에게 생명을 줄 것이다. 당신들의 신문과 TV는 나를 미치광이, 파괴에 눈먼 사악한 아웃사이더라고 표현한다. 당신들의 부도덕하고 타락한 매스컴은 정부의 입장에 서서 내 행동을 왜곡할 것이다. 그들은 당신이 잘못알고 겁먹고 순종하기를 원한다. 결국 당신들은 계속 그들의 학살행위를 무시한다. 그들은 당신과 이 세계가 알지 못하는 사이 왜곡된 보도에 도취하여 길을 잃게 되면 행복해 한다. 결국 당신들은 자신이 처한 상황을 의심하지 않는다. 당신들 자신의 악순환의 덫에 갇히게 된다. 내 인생은 폭력을 향한 여정이었지만 후회하지 않는다. 나는 죄책감은 없다. 과거나 내가 한 짓에 연연하지도 않는다. 나의 탐구는 끝났다. 내 손은 이 세상 그 무엇보다도 위대한 폭력에 의해서 이끌어졌다. 나는 내 평화를 찾았다. 이유 없는 사건은 없다는 것을 알아야 한다. 우연이란 없다. 내가 하고자 한 말을 주의 깊게 들어주기 바란다. 당신이 숭배하는 물질만능 세상은 무의미하고 텅 비어있다. 그것은 나에게 무의미하다. 나는 기꺼이 그것을 뒤로 하고 떠난다. 나는 이 세계가 제안하는 것보다 더 높이 있는 것을 위하여 나를 희생한다. 나는 더 높은 곳을 지향한다. 지금, 당신들의 정부, 당신들이 투표한 정부는 전 세계에 있는 우리 민족에게 잔악한 행위를 저질렀다. 그들을 뽑아준 당신들도 책임을 져야 한다. 나는 위선자가 아니다. 나는 내 형제자매들이 학살되는 것을 보고만 있지 않을 것이다. 여기까지 오는 동안 나의 길은 장애물의 연속이었다. 하지만 나는 여전히 강하다. 나는 내 행동을 확신한다. 또한 주저하지도 않을 것이다. 내 사람들을 투옥, 고문하며 폭격을 중지할 때까지 우리는 멈추지 않을 것이다. 우리는 전쟁지역으로 들어갔으며 나는 군인이다. 우리가 안전하다고 느낄 때까지 당신들은 우리의 표적이 될 것이다. 당신들은 맹목적으로 내 사람들을 학살한 책임을 져야 한다. 나는 그냥 한 사람이지만 내 행동은 당신들의 무관심과 방탕에 대한 응징이다. 나는 당신들과 같이 살아 왔으나 당신들의 일부가 아니다. 당신들은 지금까지 나를 잘못 본 것이다. 나는 신의 고독한 심부름꾼이다. 9·11[71]과 7·7테러[72]는 전 세계에서 매일 고통받고 있는 내 사람들의 응징이다. 당신들은 고통을 알지 못한다. 그래서 지금 난 당신들에게 보여주겠다. 내 기도는 답을 했으며, 지구상의 그 어떤 세력도 나를 멈추게 할 수 없다. 나는 당신들에게 대항할 것이다. 당신들은 나를 잊지 못할 것이다. 당신들은 수천 명의 내 형제자매들을 죽였다. 그 결과는 당연히 당신들의 피로써 댓가를 지불해야 할 것이다. 나 같은 사람들이 더 있을 것이다. 장담한다. 우리는 당신들과 당신들의 자손까지 지옥으로 데려갈 것이다. 내 양심은 깨끗하다. 나는 후회하지 않는다. 난 영원히 산다. 나는 좋은 곳으로 간다.

비장한 언사는 범상치 않은 최후를 암시한다. 이처럼 단호히 말하고도 삶의 비루함을 연장한다면 그 또한 어울리지 않을 터다. 호송 도중 이완이 이미 잃어버린 폭탄의 상당수는 런던의 도심테러에서 사용했고 나머지를 몸에 두르기로 작정한 애쉬는 일전불사의 마지막을

71 (2001.09.11) : 이슬람 무장 테러단체인 '알카에다' 테러리스트들에 의해 납치된 4대의 여객기가 미국 뉴욕의 세계무역센터와 워싱턴의 미국 국방부 청사 펜타곤에 자살 충돌한 사건(사망/실종자 5514명).

72 (2005.07.07) : '알카에다' 계열의 테러리스트들이 런던의 지하철역과 버스 정거장 등에서 동시에 폭탄을 터뜨린 테러사건(사망 52명).

향해 치닫는다. 때마침 결혼식이 열리는 도심의 한 호텔을 타깃으로 정한 애쉬는 가급적 많은 사람들이 자신과 함께 사라지길 바라며 뜻을 굳힌다.

상황의 비장함을 놓칠 리 없던 이완과 애쉬가 격렬한 싸움을 벌이는 장면이야 정한 이치였고 둘 중 하나가 반드시 죽어야 했음도 전쟁의 법칙이 심어놓은 관행이었다. 구태여 권선징악이란 덕목을 떠올리는 일도 여기선 가당치 않다. 서로 눈의 불 밝히고 한 치 양보 없이 순수와 고결의 정체성을 부르짖는 결전 상황에 한사코 어느 한쪽을 선이나 악의 잣대로 재려드는 건 적합하지 않기 때문이다.

우파가 헤게모니를 잃을까 염려스러웠다면, 반미항쟁기조를 저버릴까 우려하기론 무슬림 역시 마찬가지였다. 영화의 압권은 그래서 누가 누굴 죽였으며 그 다음이 어찌 되는지를 둘러싼 스토리텔링의 기복이 아니다. 그보다는 끝내 죽어야 하는 무슬림이 어딘지 측은하고 그처럼 죽여야만 했던 잉글랜드 에이전트의 액션이 도리어 과도하지 않느냐는 의아함에서 빛난다. 익숙한 해석이 쉽게 뒤집어지는 대목들, 그러니까 영화적 데자부의 전복이 좀체 흔치 않았다는 점으로 보면 작품의 매력은 커진다.

자살 폭탄의 끈을 당기기 전에 이완은 그를 죽여야 했고 애쉬는 한 사람이라도 더 죽일 타이밍이 절박하기만 했다. 하지만 이미 현장에서 넓적다리 한쪽을 공격당한 애쉬의 행동반경은 클 수 없었다. 애쉬의 동선과 위치를 감 잡은 이완의 총구가 먼저 불을 뿜은 것 역시 일상의 영화적 관행을 배반하지 않은 걸 보면 데자부의 전복이란 것

클린스킨 1 : 후회하지 않는다. 고결했기에

클린스킨 2 : 뒤돌아보지 않는다. 다만 조국에 충성할 빈틈만 노릴 뿐

도 사실상 쉽진 않았다. 애쉬의 이마 정 중앙을 관통한 총알이 한결 차갑게만 느껴지는 것도 그 때문이다.

그러나 감독은 무슬림 살해동기를 패트리어티즘patriotism에서 구한다. “나는 내 조국을 사랑해요. 조국을 위해 살인을 하고 조국을 위해 죽을 거예요.” 이완의 독백이다. 내부의 적의 정점에 있는 샬롯[73]이 이완의 손에 의해 무자비하게 제거되는 순간도 이 때다. 명령을 따르던 자가 명령자를 무참히 살해하는 현장에서 국가는 과연 무엇일까.

‘죽임’은 ‘죽음’의 폭력적 모티브로 더없이 훌륭한 정치적 핑계를 낳는다. 테러가 숙성한 극단적 린치이든, 아니면 노골적 암살이든 그것이 결국 ‘애국적 살인the patriotic murder’ 방식을 거칠 때 국가는 물론 그 앞에서 입 다물고 있던 자들 역시 공범자가 된다. 죽여도 죄가 되지 않고 숱한 사람들을 한순간에 제거하더라도 벌 받을 하등의 이유가 성립되지 않는 거대폭력의 제전이 불꽃놀이의 시그널을 자랑하는 때도 그때다.

그렇다면 깨끗하고 고결한 피부는 거부할 길 없는 폭력과 그로 인한 선연한 피 흘림으로 정갈함을 유지할 것이다. 스스로 정화함으

73 정말이지 샬롯 위에는 아무도 없었던 걸까. 스스로 판단하고 홀로 명령하며 독자적으로 작전수행을 지시할 만큼 그녀는 막강했던 걸까. 누군가 따로 더 있거나 그 위의 국가가 설령 공공의 적이라 하더라도 그(녀)들을 멈출 힘은 세상 어디에도 없는 것일까.

로써 담보되는 단아함이 아니라 하염없이 죽어나가는 상대와 형용할 길 없는 고독과 처연한 아픔을 동반해야만 빛나는 것이다. 선악의 구분도 무의미하고 적과 동지의 분간도 애매하기만 한 세상에서 흑백의 이분법과 강제선택의 조건은 삽시간에 소멸한다. 드라이아이스처럼, 수증기처럼.

영화가 주는 사상적 허무는 믿음 일체를 송두리째 뒤집는 내부자 배반으로 격화된다. 선배 동포의 선동과 평소의 배타적 믿음이 맹렬히 화학반응을 일으키는 동안, 인간적 고뇌의 극한을 달리는 한 인간과 폭탄 테러로 가족을 잃은 에이전트의 복수 혈전은 작품의 꼭짓점으로 예외성을 더한다. 하지만 중요한 건 적을 굳이 '밖'에서 찾을 필요 없다는 설정이다. 목숨 걸고 현장에 뛰어들어봤자 국가의 하수下手 아니면 정치적 도구에 불과하다는 뒤늦은 자각마저 '그럼에도 조국을 사랑한다'며 상쇄해야 하는 처지란 마뜩치 않다. 그러면서도 안팎의 적을 티내지 않고 분간하기란 내키지 않는 전쟁치곤 잔혹하다. '적은 내부에 있(었)다'는 사실을 깨닫게 하기 위해. 고작 그것 하나를 위해.

IV-2. 자기부정의 극치 :

— 〈천국을 향하여〉(2005) : 하니 아부-아싸드

한번 더 강조하자. 자살 폭탄의 효능은 두 가지로 압축된다고. 자신을 산산조각 내어 세상을 향해 격렬히 저항하는 방법과 당장 피해를 최대화하려는 정치적 표현경로가 그것이다. 구태여 이름붙이자면 전자를 1) '자기파괴형'이라 하고 나중 것을 2) '집단공격형'으로 부를 수 있다고도 지적한 바 있지만 행위의 궁극은 정작 하나로 모인다. 미움과 분노의 동시적 해소다. 이 땅에서 미국을 몰아내는 그날까지 스스로를 녹여 없앤다는 각오는 정치적 단호함 치고 극단적이다. 설령 눈길을 끌기 위한 정치적 행위라 해도 그 무게가 남다를 수밖에 없다.

제아무리 정치적 동기가 이기적이라 해도 홀로 장렬히 사라지려는 뜻을 자기중심적으로만 몰고 갈 수는 없다. 자살을 합리적 선택으로만 이해할 수 없는 까닭이다. 분신방식을 취하든, 조용한 투신이나 자발적 익사의 길을 택하든 그것을 두고 온전히 정치적이라 부르기 힘든 이유도 반어법의 꼴을 갖춘다. 모든 자살이 비장성의 외피를 갖추는 건 이 때문일 것이다. 억울함, 단호함, 돌이킬 수 없음, 살아남은 자들이 보고 겪어야 할 물리적 처참함, 극단의 잔상 오래 남겨두기 등 죽음의 자연성을 거부할 때 뒤따르는 여러 불편함도 충분히 감안해야 할 것이다.

그럼에도 불구하고 자살폭탄의 정치성을 숨길 수 없는 이유는 지독한 전염성과 종교적 자발성 때문이다. 오래도록 누적된 미움도 미움이지만 그것은 솟구치는 분노를 분노로만 방치하지 않겠다는 집단의지를 뿌리로 삼는다. 이를 키우는 종교적 뇌관으로 코란에 근거한 무슬림의 강한 믿음위에 전 방위적 단결력을 늘 정치화하고 주도적 문명권으로 세상에 군림하겠다는 뜻마저 바탕에 둔다. 그 같은 믿음 뒤에는 선조들이 경험한 역사적 핍박과 이를 일거에 갚겠다는 민족적 복수심이 견고히 자리 잡는다. 무엇보다 적의 존재와 과녁의 윤곽이 또렷할 때 가늠자 조준도 정확하듯, 역사로 각인된 집단적 선동효과로 반미를 향한 선대先代의 '부추김'은 막강한 힘이다. 미국을 향한 감정이 단순 거부감을 넘는 것도 그 때문이다.

미움과 분노의 극대화 효과는 곧 민족 내부의 단결과 정치적 폭발력 강화로 이어진다. 결국엔 하나의 목표 즉, 홀로 터뜨리든 여럿을 향하든 죽임의 정치만큼은 물방울이 모여 바다를 이루듯 선명한 고지를 지향한다.[74] 가시적 성과를 위해 집단을 재촉하는 '테러'가 자주 인용되는 이유도 이 같은 각도에서 이해할 일이다. 하나로 맞춰진 타

74 미미한 출발도 꾸준히 이어가면 끝내 장대한 결과를 이끌어낸다는 뜻을 달리 은유하면 '작수성하勺水成河'로 대체 가능할 것이다. '작은 술잔으로 물을 길어 날라도 뜻만 뚜렷하다면 어느덧 강을 이룰 수 있음'도 괜한 언어의 유희가 아님을 극단적 무슬림은 잘 말해준다. '최후의 한 사람'까지 결연한 의지를 잃지 않겠다는 다짐이 정녕 강한 정치력을 동원할 수 있는지는 곧 민족의 실천력으로 담보될 터이니까.

깃 아래 꿈에도 잊지 못한 목표물을 떠올리면서.

그러나 영화, 〈천국을 향하여〉가 정치적으로 돋보이는 이유는 미움과 분노의 타깃을 달리 설정하는 데 있다. 익숙한 무슬림 자폭과 달리 테러의 상대를 미국에서 이스라엘로, 철학과 종교에서 영토의 문제로, 보이지 않는 먼 곳에서 당장 눈앞의 공간으로 바꿔야 할 이유가 분명하기 때문이다. 이 영화를 보면 테러는 무슬림의 전유물이 아니며 목표 지점 역시 다양한 집단적 화火를 전제한다. '클린스킨'이 아프가니스탄이나 파키스탄 혹은 이라크를 중심으로 한 반미선봉의 무슬림을 스토리텔링의 거점으로 삼는다면 〈천국을 향하여〉는 한순간도 마주할 수 없는 철천지원수徹天之怨讎로 이스라엘을 향한 팔레스티니안의 적대의식을 뼈대로 삼는다.

둘 사이의 뿌리 깊은 미움과 분노 역시 예서 말할 자리는 아니다. 하지만 이 같은 감정이 단선적인 것만이 아닌, 역사적 장구함과 심리적 복잡함을 바탕으로 삼는다는 점에서 상호 '죽임'의 정치성은 유난스럽다. 극단적으로 표현하면 어느 한쪽이 다른 한쪽을 지구에서 완전 소멸시키지 않는 한, 둘 사이의 화해와 협력은 불가능할 것이다. 뿐만 아니라 두 작품을 견줄 때 드러나는 형식의 차이는 공격방법과 목표의 상대성이다. 앞서 드러난 집단적 공격성은 여기서 비교적 둔화되는 느낌이다. 전자가 살상의 최대값을 집단과 국가로까지 넓혀 잡는다면, 후자는 이스라엘만 당장의 적으로 간주한다는 점에서 폭력의 사용을 제한하기 때문이다. 목표 역시 잃은 땅失地의 회수로 국한되며 이스라엘(과 그들의 우방)을 향한 더 이상의 요구나 테러는 배제한다.

그럼에도 불구하고 죽임의 정치적 의도는 여기서도 선명하다. 제아무리 공격의 공간성과 정치성의 제한을 둔다지만, 상대의 온전한 절멸과 물리적 종말을 전제한다. 이 점에서 서로가 인식하는 공포의 질감이나 효과의 제로섬 역시 거울처럼 명징하다. 엄밀히 말하자면 자살폭탄테러의 두 가지 유형도 이념형적 구분일 뿐, 항구적 절대성을 지니진 않는다. 정확히 이해하자면 '둘'은 다름을 전제하는 게 아니라 결과론적 차별성을 바탕으로 삼되, 집단공격의 꿈을 이루는대로 전자의 목표는 끝난다. 궁극적으로 후자가 전자를 품는 것이다.

'개체'와 '전체'가 본원적 의미를 달리하는 것이야 힘주어 말할 필요가 없다. 하지만 죽음과 맞바꿀 자존심이요 상대의 소멸이라면, 미움과 분노는 늘 상대의 멸망을 꿈꾼다고 보아야 한다. 대상을 완벽하게 제거할 수만 있다면 자기 편 모두가 죽을 수도 있다는 결연한 의지는 어쩔 수 없이 상대의 단결과 긴장을 재촉한다. 어느 한 진영의 승리가 곧 상대의 패배를 뜻하되, 한 전투에서의 승리가 제로섬의 궁극을 보장할 수 없는 것도 이 때문이다. 하나가 죽는다고 모두의 승리를 담보하는 건 아니며 상당수가 다쳤다 하여 전체의 행복을 기정화할 수 없는 이치와도 이는 맞닿는다. 하지만 대상 전체의 절멸을 보장할 수만 있다면, 기왕의 개인적 자폭과 미세한 테러의 감행은 정치적 보람을 다한 것으로 이해할 수 있다. 집단공격과 자기 파괴의 정치적 동기를 한사코 구분할 수 없는 까닭이다. 한 사람이 사라지는 '것'과 상당수의 동포가 처참한 최후를 맞이하는 '현상'이 궁극적으로 다르지 않은 것도 이처럼 이해할 일이다.

이 같은 비장성과 진지함으로 무장한 이들이라면 폭력사용주체의 국적과 인종을 따지는 건 의미가 없다. 미움을 제거하고 분노를 다스릴 수 있다면 민족 전체를 상대로 계몽하고 꾸준히 실천한 폭력의 행적과 이를 공고히 회상하는 정치미학만 남는다. 따라서 한 사람의 결연한 테러 의지가 자기파괴경로를 거치는 순간, 주변의 몇 명이 다치고 사망했느냐는 물음은 단지 부수적일 따름이다.[75] 이스라엘을 겨냥한 팔레스티니안이든, 미국과 친미 국가를 조준한 이라크 사람들이든 그들 모두에게 중요한 건 상대가 전혀 눈치 채지 못하도록 준비하는 치밀한 공격능력과 정보유지력, 그리고 끝까지 정확하게 죽일 수 있는 용기다.

오죽하면 어린 아이들과 여성들마저 엄연한 전사이자 자살폭탄의 행동 단위로 기정화하는 나날들일까.[76] 하지만 폭력의 전위에 중근

75 자살폭탄의 정치미학과 폭력의 국제정치적 합리화에 대해서는 다음 참조할 것. Mohammed Hafez, *Suicide Bombers in Iraq : The Strategy and Ideology of Martyrdom* (Washington DC.: United States Institute of Peace, 2007); Russell Razzaque, *Human Being to Human Bomb : The Conveyor Belt of Terror* (London : Icon Books, 2008); Lauren B. Wilcox, *Bodies of Violence: Theorizing Embodied Subjects in International Relations* (Oxford : Oxford University Press, 2015).

76 이에 관해서는 다음을 참조할 것. Anat Berko, *The Smarter Bomb : Women and Children as Suicide Bombers* [fw. by Daniel Pipes] (Lanham, ML.: Rowman & Littlefield Publishers, 2012).

동의 성인 남성들이 기꺼이 나서고 행동의 주력으로 무슬림이 포진하는 현상은 오늘의 현실이자 일상이 되어버렸다. 결과로 말하는 현장의 참혹함은 이제 쌓이고 밀리는 뉴스의 하나로 자리 잡은 지 오래다. 그럼에도 불구하고 자살폭탄의 구조와 착용방법 즉, 인간을 정치적 소모품으로 할애하려는 속내는 좀체 알 수가 없었다. 마치 규격화된 상품처럼 인간을 무기로 찍어내어 죽음의 현시효과를 확장하는 과업[77]은 서구의 것이 아니었다.

단지 '명령에 살고 지시에 죽는' 자살폭탄의 전위를 공고히 확장하는 일은 일본의 '가미카제かみかぜ[神風]' 이후 모처럼 고양된 자학의 전쟁철학이다. 그것을 전쟁의 누적된 죄의식과 피해망상의 자기 파괴적 극복수단이라고 해석하는 작업도 새로운 탐구주제가 될 것이다. 아시아와 중근동의 자학적 폭력심리가 서구의 정치적 가학성과 어떻게 관계 맺는지 판가름할 기준도 여전히 애매하다. 하지만 제2차 세계대전 이후 오늘에 이르도록 비대칭전략의 군사적 확장과 세력불균형의 국제관계 속에서 이 방법은 독특하다. 가장 약한 자가 가장 강하고 의연하게 대응하는 공세의 전형으로 자살폭탄이 부르는 파괴력은 정치적으로 잔인하고 처참하다. 이를 기억하는 사람들의 감각적

77 자살폭탄의 물리적 팽창에 관해서는 다음 연구를 주목할 것. Mohammed Hafez, *Manufacturing Human Bombs : The Making of Palestinian Suicide Bombers* (Washington DC.: United States Institute of Peace, 2006).

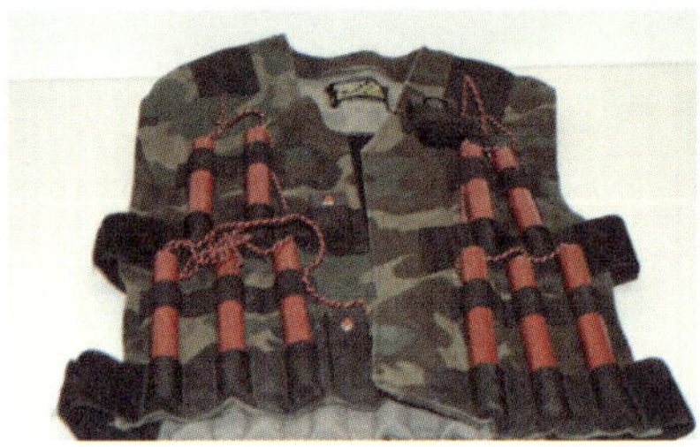

자살폭탄의 원형 : 조끼와 산탄총[78]

잔상 역시 장기적인 데다 공포의 각인효과도 막강한 편이다. 특히 고도의(타율적) 자발성과 전염성을 바탕으로 삼는 자살폭탄의 위력은 본인은 물론 주변인들을 무차별 살상한다는 점에서 두드러진다.

위의 그림은 (단거리 폭격용) 폭탄을 두른 자살조끼 착용 후 죽음을 준비하는 전사의 전형적인 모습이다. 그림 좌우의 폭탄은 성능과 모양

78 https://uk.images.search.yahoo.com/images/view;_

이 다르지만 일반적으로 겉옷을 다시 입거나 은폐하는 게 관례다. 전사가 들고 있는 총은 'USAS 12'로 전자동 산탄총이다. 죽음에 임하여 제 몸의 폭탄은 물론이고 살상의 최대값을 끌어내기 위해 노력하겠다는 적극적 의지는 이로써 더 강고해진다. 그가 들고 있는 산탄총이 하필이면 한국기업에서 생산한 무기라는 사실[79]도 사실이지만 이 같

ylt=A2KLdTHAtBVVdhwA1S1NBQx.;_ylu=X3oDMTIzNnBlOGZvBHNlYwNzcgRzbGsDaW1nBG9pZANmNmI1ODJiYjRmNGE5MWIyZmQxZjQ0N2Y1YTNhYmM5NARncG9zAzEyBGl0A2Jpbmc-?.origin=&back=https%3A%2F%2Fuk.images.search.yahoo.com%2Fsearch%2Fimages%3F_adv_prop%3Dimage%26va%3Dsuicide%2Bbomb%26fr%3Dyfp-t-699%26tab%3Dorganic%26ri%3D12&w=478&h=1032&imgurl=img2.wikia.nocookie.net%2F__cb20111205013533%2Fcallofduty%2Fimages%2Ff%2Ff6%2FSuicidebomber.png&rurl=http%3A%2F%2Fcallofduty.wikia.com%2Fwiki%2FSuicide_Bomber&size=566.3KB&name=%3Cb%3ESuicide%3C%2Fb%3E+%3Cb%3EBomber%3C%2Fb%3E+armed+with+an+USAS+12+in+Call+of+Duty%3A+Modern+Warfare+...&p=suicide+bomb&oid=f6b582bb4f4a91b2fd1f447f5a3abc94&fr2=&fr=yfp-t-699&tt=%3Cb%3ESuicide%3C%2Fb%3E+%3Cb%3EBomber%3C%2Fb%3E+armed+with+an+USAS+12+in+Call+of+Duty%3A+Modern+Warfare+...&b=0&ni=72&no=12&ts=&tab=organic&sigr=11fghuu0i&sigb=13f9vte7c&sigi=12jtimjhb&sigt=12mkn130l&sign=12mkn130l&.crumb=YOkE/ew.9fa&fr=yfp-t-699 (접속일자 : 15/03/08)

79 단거리 폭격용Close-Range Bomber 자살폭탄을 장착한 전사의 손에 들려 있는 산탄총은 USAS 12다. 기본 무게는 5.5kg으로 유사스 혹은 우사스로 통칭한다. 미국 길버트 이큅먼트사 설계로 구 대우정밀(현 S&T 대우)에서 생산한다. 12게이지gauge(길이 2와 3/4인치짜리) 산탄을 사용하며 분당 260발 속도로 발사된다. 10발 들이 박스형 탄창과 20발 들이 드럼 탄창을 사용하며 탄창은 한쪽이 투명이기 때문

은 아이러니를 능가하는 또 다른 허망함은 속절없는 죽음의 파급효과다.

자살의 도미노를 기획·암시하는 당국의 목표는 더 많은 동포들이 죽어 더 오래 적들을 죽일 수 있는, 흔들리지 않는 저력의 과시로 맞춰진다. 그로써 확인할 수 있는 살상 현장은 온전한 시선으로는 정면 응시가 쉽지 않은 곳으로 바뀐다. 널 부러진 전사의 시신, 느닷없이 죽어야만 했던 그 순간 주변인들의 고통, 산지사방散之四方으로 찢어져 흩어진 살과 뼈, 잘려진 발목과 짓이겨진 얼굴 등.

홀로 절규하고 홀로 분노하며 홀로 결행하는 피의 제전에 남는 건 육체의 파편과 굉음과 매운 연기 내음 뿐, 형해화形骸化해버린 몸의 온갖 부위들은 이를 바라보게 될 이들의 복잡한 감정과 더 많은 동포들의 후속 테러를 자극하게 마련이다. 그렇다고 늘 성공하란 보장도 없는 자살폭탄테러는 불발의 경우 전사 본인만 피해자가 되는 일도 무릅써야 한다. 어차피 죽을 목숨이지만 뜻한바 목적을 이루지도 못하고 중간에서 제 명을 다하는 사례란 신원이 노출되어 역습을 당하거나 그에 따라 폭탄 일부가 도리어 전사 자신을 해하는 불운의 경우를 일컫는다. 다음처럼 적의 공습에 의해 제 몸에 두른 폭탄이 온전한 역할을 못한 쿠르디스탄의 경우도 현장에선 비일비재하다. 시신의

에 탄약 잔여분 확인이 쉽다. 10발 탄창을 끼운 무게는 6.2kg이다.

부위는 온전히 붙어있다 해도 대부분 화상으로 고통 받다 죽는 건 당연하다.

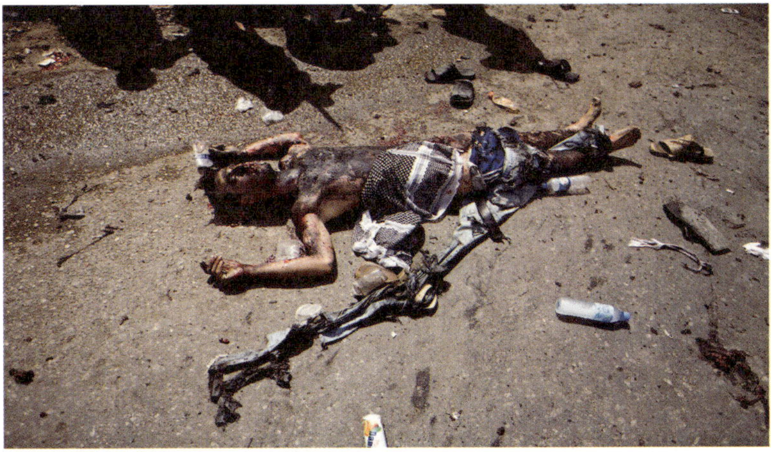

죽이지 못하면 죽어야 하는, 제대로 죽기도 힘겨운[80]

그러나 테러를 둘러싼 심리적 복잡함에 대하여 어느 진영이든 진솔한 속내는 드러내려 하지 않는다. 기껏해야 감정적 울분 아니면 복

80 http://benlowy.com/#/editorial/iraq/kurdistan/Kurdistan_WebEdit_016 (접속일자 : 15/03/08)

수와 격정 토로에 시간을 할애하느라 정작 죽어야 하는 자 본인의 인간적 고뇌 따위는 쉽게 외면하곤 한다. 모두가 빠지기 쉬운 늪은 센티멘털리즘과 포퓰리즘의 미친 듯한 열기였다.

한번 착용하면 반드시 죽어야만 벗을 수 있다는 자살조끼는 지상에서 가장 잔인한 패션일 것이다. 예외가 있긴 있다지만 특이한 경우[81]를 빼놓는다면 '착용 = 죽음'의 공식은 좀처럼 무너지지 않는다. 엄밀히 따지자면 '죽게 만드는 자'와 '죽어야 하는 사람들'의 비교는 극히 어렵다.

영화는 감각의 합리적 조율수단으로 여기서 개입 가능해진다. 이 대목에서도 외면과 배제로 일관한 세계영화의 무딘 촉수는 의도적이었을 것이다. 어찌 '멋'으로 걸칠 조끼겠는가 마는 그걸 왜 입고 어떻게 입어야 하며 또 입고 나서 무엇을 해야 하는지 말하려는 영화는 가뜩이나 드물었으니 말이다. 폭력의 패션을 낱낱이 헤집되, 디자인 자체의 정치성과 공격미학의 논리를 인간적으로 풀어 나가려는 예외적 작품으로 드라마의 허구성을 극도로 배제한다는 점에서 영화, 〈천국을 향하여〉는 다큐멘터리의 사실성을 팩션faction의 긴박감과 맞바

81 입고 있는 자 스스로가 벗을 수 없는 자살폭탄조끼는 그것만으로 이미 형벌이다. 벗기는 순서와 방법을 아는 유일한 사람은 바로 착용을 거든 자뿐이다. 회로와 뇌관, 배선과 스위치에 이르는 시스템을 숙지하는 자는 단순한 기술자 수준을 넘어서기 때문이다. 입기보다 벗기가 훨씬 힘든 옷이다.

꾸려든다.

작품에 주목해야 할 까닭은 더 있다. 미움은 분노에 가득 찬 무슬림의 전유물이 아니며 땅을 밟고 사는 누군들 질량과 내용에서 차이를 둘 수 없다는 사실을 분명히 해주기 때문이다. 자살조끼suicide vest는 미움에서 비롯된 분노와 이를 다스리려는 이슬람 문명권 특유의 정치적 표출양식일 뿐, 지상 최고의 못마땅함이나 그로써 견디지 못할 화를 해소할 최악의 도구가 아니라는 패러독스 말이다. 곰삭은 원한 때문에 솟구치는 분노란 세상 어디서든 극도의 주관성을 지니게 마련이다. 각자가 끌어안는 사연들도 서로 견주거나 무게를 잰다는 건 불가능할 것이다. 어느 누구의 것이 다른 이의 그것보다 더 슬프거나 그만 못하다고 인식하는 일이야말로 허망하다는 걸 영화는 잘 말해준다.

결과야 제로섬의 허망함으로 넘쳐나지만 죽음보다 두려운 건 '죽음에 이르는 길'이란 점. 그리하여 죽음은 결과가 아니라 과정이라는 것. 미워서 죽여야만 하는 자가 상대의 삶을 염려할 겨를 없듯, 죽어야만 하는 자 역시 죽이려는 이의 목숨을 따져볼 여유는 당연히 없다는 점. 어떤 형식으로든 타인의 죽음을 지켜본다는 것 역시 만만한 과업은 아니란 것. 단순함도 지나치면 복잡해지는 법. 아니 그 반대일 것. 숨 막히도록 복잡한 속내도 어느 단계에 이르면 극도로 간명해진다는 것.

죽어야만 사는 삶이라는 걸 일깨워주는 도구 또한 영화라면 학교나 교회만 바라보던 삶은 시시해진다. 격정과 분노가 일궈내는 비장의 변증법 때문에 일상의 이치와 교훈들이 무기력해지는 것도 필름이 주는 값비싼 대가다. 그렇게 보면 이스라엘의 나블러스Nablus와 텔아비브Tel Aviv에서 펼쳐지는 두 남자의 삶과 죽음도 우리가 흔히 상상하는 반미항쟁구호와 단독 거사로 익숙한 이미지를 손쉽게 깬다.

자기네 땅이라며 움켜잡고 주인 행세하는 이스라엘 사람들이 밉기로는 자이드Said와 할레드Khaled가 다를 리 없다. 죽여 없애서라도 땅을 되찾아야 한다는 의지는 이미 가슴 타들어가도록 예전부터 다짐한 다음이고 친구인 둘 사이의 우열이라도 가릴 일이다. 그들에게 삶의 터전을 빼앗기고 절대빈곤 속에서 희망조차 없이 살아가는 팔레스타인의 젊은 청년들의 존재감은 이들 둘만으로도 화면이 꽉 찬다.

그러나 그들이 당장 도모할 저항이라곤 제 온몸 터뜨려 이스라엘 사람들에게 겁주는 것밖에는 아무 것도 없다. 둘은 저항군 조직의 부름을 받고 기꺼이 순교자의 소명을 받아들인다. 여기까지는 앞의 '클린스킨'과 크게 다르지 않다. 제국주의 심장부에 칼을 꽂아야 한다고 부추기는 무슬림 동포가 있듯, 팔레스티니안 청춘들에겐 순교를 가르치는 선배가 있다.

자말 : 순교자 '아잠'이 이랬지. '죽음을 겁내면 이미 죽은 것이다.' '겁내지 않으면 고통 없이 죽으리라.' 모사드는 그를 잡기 위해 엄청난 시간과 돈을 들였지. 마침내 모사드에게 포위되자 그 분은 이렇게 외쳤어. '왜 이렇게 늦게 왔나?' … 자이드, 우린 얼마 전 암살당한 '하짐'과 '자베' 아들의 복수를 할 거야. 내일 '텔

아비브'에서. 자네와 할레드가 선택됐네. 원하던 대로 함께.

자이드 : 내일?

자말 : 그래. 하겠나?

자이드 : 그럼요, 신의 뜻이라면.

자말 : 오늘 밤은 가족과 보내, 단, 가족한테는 절대 비밀이야.

자이드 : 알았어요.

자말 : 내가 자네 곁을 지킬 거야. 기쁜가 ?

자이드 : 신께 감사해요. ……

자말 : 자유와 정의 없이 뭘 할 수 있겠나? 우린 정의를 위해 싸워야 돼. 강자가 약자를 삼키는 법에 굴복하는 건 인간이길 포기하는 거야. 그렇게 사느니 죽는 게 낫지. 자유를 얻기 위해선 죽음도 불사해야 해. 네가 세상을 바꾸게 될 거야.

영웅의 딸, 수하에게 느끼는 호감 이상의 감정도 잠시 자이드를 흔들지만 다가오는 연정보다 사내가 한결 부담스러운 건 거사 속내를 행여 여인에게 들킬까 저어하는 마음이다. 하지만 영웅의 딸이 사랑을 느끼는 대상은 굳이 영웅일 필요까지 없었다. 일찍이 폭력의 대가가 무엇인지 절감한 그녀답게 목숨을 거는 일은 본능적으로 거부하던 터다. 그렇다고 뾰족한 방법을 찾은 것도 아닌 그녀에게 자이드는 그저 미덥기만 한 남자 이상의 존재가 되어가고 있었다.

자이드 : 진짜 영웅 '아잠'의 딸이에요 ? 사람들이 영웅이라고 그러

더군요. 자랑스럽겠어요.

수하 : 영웅보단 살아있는 아빠가 좋아요.

자이드 : 그분 덕에 우리의 이상이 살아있는 걸요.

수하 : 이상을 지킬 딴 방법도 많아요.

자이드 : 저항밖엔 달리 선택의 여지가 없어요.

수하 : 저항에도 여러 형태가 있어요. 우리에겐 군사력이 없다는 걸 인정하고 대안을 찾아야 해요.

자이드 : 부당한 대우를 그냥 참고만 있으라고 ?

수하 : 없겠네요.

하지만 가슴에 탄띠를 두르고 이스라엘로 향하던 두 젊은이들은 흔들리기 시작한다. 쓰라린 현실을 무릅쓰며 사느니 영웅적 최후를 통해 천국을 향할 것인가, 아니면 하염없이 죽고 죽이는 처절한 복수의 길을 접을 것인지 둘은 이틀 낮, 이틀 밤 괴로워한다. 급기야 거사하기로 마음 굳히고 경계선을 뚫지만 때마침 이스라엘군에게 들켜 총격을 받고 하는 수 없이 되돌아 온 그들은 하필 숲 속에서 서로를 놓친다. 정보유출을 넘겨짚은 저항군 당국에 의해 하는 수 없이 자살조끼를 벗게 된 할레드의 고뇌는 극에 달한다.

죽어야 하는가, 살아야 하는가. 죽음에 대한 회의와 원초적 두려움을 이겨내면서도 다른 한편으로 친구의 행방을 미친 듯 염려하는 할레드의 태도는 인간적으로 차라리 솔직하다. 다부지고 차분한 자이드에 비해 한결 어리숙하기만 그였지만 그러나 처음부터 연약한 남

죽음을 향하여, 죽임을 위하여 질주하라

자는 아니었다. 폭력을 향한 부단한 의식적 단련과 순교를 위한 단호한 의지 표명은 당연했고 친구보다 더 의연해지려는 '다짐의 정치학'은 거사 전 비디오 녹화과정에서도 잘 드러나기 때문이다.

> 할레드 : 성스러운 코란에 이런 말씀이 있다. '네가 아픈 만큼 저들도 아프리라.' '고난의 시기가 오면 신께서 순교자를 택하신다.' '신께선 부정한 자들을 싫어하신다.' 말씀은 진리다. 범죄에 맞

내가 죽어 저들이 모조리 사라질 수만 있다면

서고 저항의 기치를 높이기 위해 나는 순교하기로 결심했다. 달리 방법이 없잖은가. 이스라엘은 팔레스타인에 평등한 권리를 부여하는 걸 유대인의 자살행위로 생각한다. 그들은 팔레스타인을 하나의 주로 인정하는 것조차 거부하고 있다, 그들은 그저 우리 땅을 빼앗을 생각뿐이다. 우린 정치적이고 평화적인 방법으로 독립을 얻으려 했지만 이스라엘인들은 우리의 토지를 몰수하고 성지훼손과 민족말살을 계속해 왔다. 그들은 막강한 정치, 경제, 군사력을 앞세워 영원히 열등하게 살거나 아니면 죽음을 택하라며 압제를 강요했다. 난 죽음이 두렵지 않다. 그들의 막강한 힘과 싸워 이기기 위해 순교자로서 기꺼이 죽음을 맞으리라. 어머니, 아버지. 이런 식으로 이별을 고해 죄송해요. 하늘에서 다시 만날 때까지 안녕히 계세요. 신은 오직 한분이며 마호멧은 그 예언자시니 신의 말씀이 진리니라.

자이드와 할레드 주변에도 젊은 사자들은 넘쳐난다. 팔레스티니안의 분노와 미움을 해소할 정치적 지름길은 당연히 조직의 테러였으니까. 그래도 자이드를 부추기던 자말에 비해 할레드를 격려하는 카림은 한결 직설적이다. 서로는 너무나 솔직하고 급하여 원색의 정치성을 드러내는 데 서슴없다.

아부 카림 : 이런 영광은 아무에게나 오지 않네. 자네들이 천국에 오른 후엔 우리가 뒷일을 처리하고 자네들의 영웅적 행동을 기릴 걸세. 소원이 있나?

할레드 : 제 가족이 핍박받지 않게 해주시고 우리 포스터를 도심에 크게 걸어주세요.

아부 카림 : 자네들 가족은 곧 우리 가족이지. 반드시 지켜 주겠네.

조직의 지도자들은 둘에게 단단히 타이른다. '누가 먼저가 되었든 첫 번째 폭탄이 터질 때 이를 바로보지 말 것.' '15분 후에 두 번째 거사를 치를 것.' '가급적 많은 군인들과 경찰이 몰려들 때 터뜨릴 것.' 하지만 영화는 끝내 폭발현장을 보여주지 않는다. 대신 거사에 이르는 긴장과 죽음을 향하는 사람들의 속내를 벼랑 끝까지 몰고간다. 폭파 자체가 작품의 정치적 목적이지만 영화가 보여주려는 궁극은 복잡함의 정치심리학으로 맞춰진다. 감독 역시 친구의 안위와 거사가 어그러질 경우 견뎌내야 할 마음의 고통을 겹쳐 그리는 데 혼신의 힘을 다한다.

카메라 폴리티카의 한계 : 보여주기 위한 총, 들려주기 위한 구호(위)
팔레스티니안식 최후의 만찬 : 예수의 벤치마킹(아래)

의도치 않게 조끼를 벗어야 했던 할레드에겐 모든 게 불만스럽고 민망했다. 자신의 행위를 자신에게 변명해야 할 궁색함도 고통스럽지만 자이드의 성패와 관계없이 어느 경우든 자기가 짊어져야 할 심리적 멍에가 만만치 않았기 때문이다. 영웅의 딸마저 둘의 계획을 알아채자 할레드를 향한 여인의 분노는 극에 달한다. 아버지 때문에 감당해야 했던 상실감보다 이제 막 사랑하게 된 남자마저 보내야 한다는

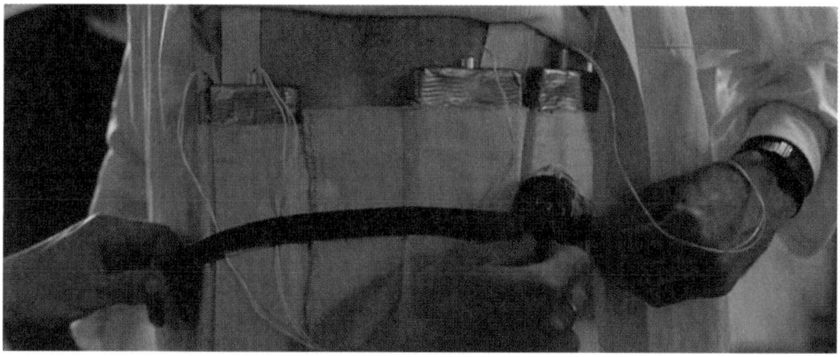

세상에서 제일 비싼 무기, 이 땅에서 가장 슬픈 전쟁

절망감은 간단한 미움으로 이겨낼 일도 아니었다. 그의 친구를 향해 할퀴고 쏘아대봐야 죽음을 막을 길은 어디에도 없었으니 말이다.

수하 : 왜 이런 짓을 하죠?

할레드 : 평등하게 살 순 없어도 평등하게 죽을 수 있으니까.

수하 : 죽어서 평등하면 뭐해요?! 평등하게 살 수 있는 방법을 찾아야지!

할레드 : 그 잘난 인권운동 얘기요?

수하 : 적어도 그건 빌미를 주진 않잖아요!

할레드 : 나약한 생각. 투쟁 없인 자유도 없어! 정의를 위해 누군가는 희생해야 돼!

수하 : 그건 희생이 아니라 복수예요! 살인을 하면 점령자들과 다를 바 없잖아요!

할레드 : 저들은 폭격기를 가졌고 우린 몸뚱이 뿐이란 게 다르죠. 그 차이를 안다면

수하 : 이게 계란으로 바위치기란 것도 알아야죠!

할레드 : 평등하게 죽게 내버려둬요. 우린 천국에 갈 거니까.

수하 : 천국은 당신 머릿속에 있을 뿐이야!

할레드 : 불경한 소리! 신께서 용서하시길. 아잠의 딸이라 참는 거요. 끔찍한 선택을 하는 건 더 끔찍한 대안밖에 없기 때문이오.

수하 : 뒤에 남는 가족들은? 당신들 덕에 자유로워질 것 같아요? 우리의 고통은 더욱 커질 뿐이라구요. 이스라엘에 보복의 빌미를 줄 테니까.

할레드 : 빌미를 안 준다고 달라지나?!

수하 : 어쩌면, 우린 신사적으로 싸워야 해요.

할레드 : 놈들이 신사가 아닌데 그게 통하겠냐고?!

한참이 지나서야 조직의 안가安家로 복귀한 자이드에겐 엄중한 문책이 기다리고 있었다. 자말과 카림은 물론이고 그에게 다시 한 번 아니, 최후의 기회를 줄 것인지 여부를 결정해야 할 상부의 고민도 감안해야 했다. 자이드로선 이제 더 이상 기다릴 필요도, 잃어야 할 그 어떤 가치도 없었다. 차라리 의연한 죽음의 기회가 주어진다면 자신의 모든 걸 마음 편히 버릴 수 있다는 생각만 차분하게 펼칠 수 있었다. 죽고 싶다는 극단의 주관적 진술이 아니라 죽음만이 자신의 유일 대안임을 말하는 자이드에게 자신의 죽음은 거래대상이거나 구걸의 항

목이 아니었다.

마치 재판정 같이 여겨지는 밀실에서 그는 마지막 자기 변론에 나선다.

자이드 : 저는 … 난민 캠프에서 태어났어요. 서안 지구 밖으로 나갈 허가를 받은 건 딱 한번 여섯 살 때 수술 받으러 나가본 게 전부였죠. 이곳은 감옥이나 다름없어요. 해방될 날은 여전하죠. 저들의 가장 큰 악행은 우리의 약점을 이용해서 민족끼리 배신하게 만드는 거예요. 그렇게 해서 저항군을 색출해 죽이고 가족들을 파멸시키고 우리의 존엄성을 무너뜨리고 있죠. 아버지는 제가 열 살 때 처형당했어요. 선량한 분이었지만 천성이 약했죠. 아버질 밀고자로 만든 놈들을 용서할 수가 없어요. 그들은 대가를 치러야 해요. 존엄성을 잃은 삶은 살 가치가 없죠. 떠오르는 건 굴욕감뿐인 하루하루 … 세계는 뒷짐 지고 구경만 해요. 아무도 도와주지 않는다면 홀로 맞설 방법을 찾아야 하잖아요? 우릴 괴롭히면 자기들도 괴로워진다는 걸 저들은 똑똑히 알아야 해요. 이 메시지를 저들에게 전할 방법은 순교뿐인데 … 저들은 마치 자신들이 희생자인 양 세계를 향해 떠들고 있어요. 어떻게 점령자가 희생자가 될 수 있죠? 저들이 억압자이자 희생자 역을 맡겠다면 희생자이자 살인자가 될 수밖에요. 어떤 결정을 내리시든 전 돌아가지 않을 거예요.

비장미 넘치는 순간들은 암담한 처지를 벗어나려는 생각의 극진함이 어떻게든 밖으로 드러날 때다. 표현되지 않은 진정성이란 그래서 독선과 아집에 머무르고 말 가망이 크다. 무엇보다 물리적 실천을 통한 이겨냄이 그러하고, 오로지 하나만 생각하려는 초인적 집중이 가능한 것도 이 때문이다. 모든 결행이 두렵도록 아름다운 까닭이기도 하다. '분신, 투신, 자살, 정사, 암살' 등 온전한 정신으로는 손쉽게 저지르지 못하는 극한의 행위에 우열과 비중은 굳이 가릴 대상이 아니다. 하물며 테러를 의도한 자발적 죽음이랴.

비장성이 엿보인다고 예측불가의 대단한 결과가 늘 보장되는 건 아니다. 진지한 사고가 성실한 실천과 결합된다고 해서 항시 성공을 기약할 수 없는 세상 이치와도 이는 통한다. 의지와 행운, 덕성과 우연의 변수들이 기막히게 결합해야 일어나는 기적이지만 문제는 비장한 각오가 초월적 공력功力을 담보하느냐였다. 살아서 천국을 '향하기'란 죽어서 '다다르기'보다 몇 곱절 어려운 과업임을 영화는 끝까지 반복 강조한다.

감독은 끝내 자폭 순간을 스크린으로 끌어내지 않는다. 액션도 딕션도 아닌 단순한 기다림으로 자이드의 결행 의지와 거사의 순간을 대체한다. 그것만으로도 긴장하는 관객과 자이드 자신을 달래는 일은 충분하다고 판단한 모양이다.[82] 끝까지 생각하는 자세, 그것이 반드시 고뇌의 형식을 취하지 않는다 해도 이 일은 단지 자신이 죽거나 주위의 몇 명이 다침으로써 끝나버릴 보복행위가 아니라는 것, 강자를 향한 약자의 진지한 저항은 어차피 '전체에 대항하는 하나One

천국에 오르기 전, 그가 탄 이스라엘 버스는 흔들리고 있었다

Against All' 일 수밖에 없다는 사실, 그리하여 자신들의 의지가 세계를 뒤덮을 만한 설득력을 가질 때 세상은 전복될 수 있다는 믿음, '하나에 대항하는 전체All Against One'는 결코 극단의 원리가 아니며 정치적 배타성과 독선에 기초한 반인간적 폭력의 숙성물도 아니라는 자기

82 영화의 시작보다 마무리가 힘든 까닭은 감동의 효과적 종결 혹은 그 고양高揚을 위해 감독들 대부분이 관객들에게 상상의 여백을 어느 정도 위임할 것인지 결정하기 쉽지 않기 때문이다. 정치적 주제를 영화로 처리할 때는 더더욱 그렇다. 일정 진영의 입장을 두둔하거나 반대편 이데올로기를 공박하는 모양새를 취할 때 영화가 자칫 선전도구로 전락해버리는 일은 얼마든지 가능하기 때문이다. 라스트 신의 처리는 형식의 문제만이 아니고 내용과 부피는 물론 스토리텔링의 맥락과 작품의 완성도 전체를 고려해야 하며 영화의 총체적 성패를 위해 치열히 감안해야 할 항목이다.

주문.

세상의 어떤 열중이든 극진한 모든 자기소진행위를 그(녀)의 집착 정도로 받아들이자면 소통은 더욱 힘겹다. 아니, 이해의 최소한도 담보하기 어렵다. 무슬림의 극단적 원리주의든, 팔레스티니안들의 사무친 원망이든 그들이 기꺼이 자신을 버리려는 일체의 노력을 있는 그대로 받아들이는 일은 쉽지 않다. 그날까지 그들의 눈물겨운 고난의 행진을 한낱 더러운 나치의 짓쯤 몰아버리게 될 까닭이다.

V.

자본주의 : 거침없는 방종, 하염없는 불평등

— 〈코스모폴리스〉(2012) : 데이빗 크로넨버그

자신이 만드는 영화가 '정치영화'라고 미리 밝힌다든지 어떤 이데올로기를 난자하거나 극찬하려 했다는 말을 감독들로부터 듣길 기대하는 일만큼은 접어야 한다. 가뜩이나 정치적이지 않으려는 예술가들에게 티를 내달라 주문하는 건 무리이자 불손이며 그나마 거리감을 좁힐 여지마저 무너뜨릴 수 있기 때문이다.[83] 그럼에도 불구하고 그(녀)에겐 성향이나 분위기가 있으며 예측 가능한 사상성을 드러낸다.

공개적으로 정치적이고자 하지 않는 건 인간의 본성일 것이다. 하물며 직업정치인들마저 피치 못할 수줍음이자 인간적 쑥스러움일 것이리라. 그런데도 상업성에 찌든 작가나 예술로 자신을 감싸려는 영화감독에게 노선을 확정하여 정치적 입장을 표명하라고 다그치는 건 고문이라고 보는 게 옳다. 하지만 아무리 그래도 언젠가는 드러나는 게 '속마음'인 것이야 어쩌랴. 정치적 인간들이 표출하는 '사적 동

83 마르크스도 자신은 '마르크시스트가 아니'라고 말한다.

기private motive'란 대부분 자기이익을 극대화하려는 음험함 아니면 이기심을 은폐하거나 최대한 멋지게 포장하여 이타적으로 비치게 하려는 몸부림 일체다.

영화를 만드는 이유 역시 정치적으로 보면 감독의 자기만족에서 출발하여 예술적 성취동기는 물론 제작자의 영향력 확대와 자본축적, 명성의 확장 등 이기적 내역들은 적절한 언어선택이 힘겨울 정도다. 그럼에도 불구하고 이 같은 정치적 동기는 정치영화가 여전히 장르영화로 영화역사에서 뿌리내리지 못하고 있는 이유나 양적 데이터의 절댓값조차 확보할 수 없는 현실을 흔쾌히 설명해주지 못한다. 억지로라도 상상하자면 돈 안 되는 영화에 투자하느니 차라리 최소한의 유통과 배급을 위해 쉽고 가벼운 주제를 다루는 게 합리적일 것이라는 판단 때문이었다고 여겨봄도 무리는 아닐 터다.

정치적인 주제, 아니 정치 그 자체를 아예 영화중심에 올려놓는 일은 그래서 동서양 모두 모험이자 도박이며 반자본적anti-capital이기까지 한 기형적 투자대상이다. 그것을 하필 자본주의의 융성과 확장 과정에서 영화를 통해 재확인할 수 있는 건 아이러니다. 비판은커녕, 두둔과 찬미조차 못하는 어정쩡한 정치적 입지는 자기를 낳은 체제를 향해 정면 도전마저 못하는 태생적 한계를 여실히 드러낸다.

오해는 말자. 이는 곧 영화가 모조리 사회과학이어야 한다는 억지주장도 아니며 세상의 모든 감독들이 하나 같이 마이클 무어나 세르게이 에이젠스타인이 되어야 한다고 부르짖으려 함이 아님을 말이다. 있어도 편파적으로 있고 보여도 희미하게 보이니 문제일 뿐, 있고 없음을 부피로 따지려는 아둔한 질량논리에 모두를 가두려 함도 아니다. 하지만 느닷없이 여기서 무엇이 정치영화며 어떤 작품들이 특히 사상적으로 빈곤하다는 것인지 새삼스런 찾음과 견줌도 의식하진 말 일이다.

문제는 작품 개수나 풍성한 아카이브의 존재 여부가 아니다. 데이터베이스의 검색과 필모그래피의 부피를 즐겨가며 영화를 이야기하는 것도 작품 각기의 분석과 비중을 따져본 다음다음의 일일 뿐이다. 돌이켜 볼 화두도 결국은 정치영화의 빈곤 곁에, 아니 그 속에서 숙성되는 풍요의 자락을 좇을 수 있는지 여부다. 진솔히 묻자. 1) 정치사상적 빈곤을 메울 작품군은 어느 정도 형성되어 있는가. 2) 모든 걸 하나로 대체할 순 없지만 부분으로 전체를 가늠할 영화적 유의미함은 기존 작품 속에서 발견 가능한가. 3) '그들'은 현재로서의 역사를 설명하거나 희망 혹은 절망의 단서를 암시하는 데 적절한가. 4) (정치)사상성이란 영화 속의 구체 현상이나 즉발적 사건들만으로도 설명 가능할까.

논의를 갈무리해야 할 즈음, 거대질문이나 금세 풀기 어려운 문제를 제기함은 모두에게 부담이다. 하지만 영화의 '텍스트성textuality'을 둘러싼 논의를 넘어 천착해야 할 탐구대상은 여기서 새삼스러워진다. '영화는 정치인가,' 그리고 '정치사상의 문예적 교두보이자 사회적 메신저로 작동할 수 있는가.' 이들 물음 모두에 긍정적 답변을 기대할 수 있다면 남은 문제는 영화적 불성실[84]과 내재적 무관심으로 모아진다.[85]

하나로 모든 걸 설명하긴 버겁다. 그럴 수도 없고, 그래서도 안 되는 이치를 애써 뒤집으려는 것도 만용이다. 하지만 하나를 잘 들여다보면 전체의 작동원리나 구성의 단서를 헤아릴 수 있고 개체의 특성을 넘어 체계와 구조 총체를 이해하는 중요한 경로를 찾을 수 있음도 알게 되는 우리다. 개미 한 마리의 생태를 치열하게 뒤쫓다보면 개미 '들'의 세계를 읽을 공약수를 찾는 것과도 같다. 잘 만든 영화 하나가 책과 백과사전을 넘어 보물이 되는 이유도 여기 있다.

괴짜 감독, 데이빗 크로넨버그는 '자본주의'란 단어를 최대한 아끼면서 희한하게 자본주의를 그린다. 그리는 정도가 아니라 흐르고 넘치도록 적신다. 영화는 제목이나 단어로 말하는 게 아니라 영화 그 자체로 말한다는 걸 새삼 강조하려는 듯 말이다. 〈코스모폴리스(2012)〉에서 그가 다시 유난스레 튀는 감독으로 변신하는 모습은 기왕의 기괴함과는 다르다. 안 그래도 인간과 곤충을 섞는*The Fly* 그였고 티브이 모니터 속으로 빨려 들어가는 예외적 기이함*Videodrome* 쯤 식은 죽

84 '정치적인 것'들과 '사상적 항목'에 둔감했던 과거를 질책하는 단어쯤 이해하면 되리라.

85 흔쾌한 답변은 기대하기 힘들 것이다. 1) 할 수 있는데 하지 않았던 것과 2) 하고 싶지만 할 수 없었던 건 큰 차이가 있기 때문이다. 뿐만 아니라 3) '해야 한다'는 사실조차 인식하지 못하여 기왕의 정치적 빈곤이나 문화적 냉담함을 무릅써야 했다면 영화의 사상적 개척과 보완의 지평은 험난하다고 보는 게 옳다.

먹듯 해치우는 영화작가지만, 사람이 뛰어넘지 못하는 본원적 한계로 성 본능과 섹스의 관계*A Dangerous Method / Crash* 마저 천착한 감독이 시대의 경제사상에 정면으로 마주할*Cosmopolis* 것이라고 내다본 사람은 거의 없었다.

영화적으로 예측불가능하다는 건 그의 매력 가운데 하나다. 하지만 이제까지 다룬 영화 주제를 돌아보면 자본주의를 이야기하되 느닷없이 '세계정부' 이미지를 빌려와 시대적 보편성과 역사의 현재성을 걸러내려는 작업을 시도한 건 전혀 그답지 않다. 하지만 영화적 흥미는 사회과학으로까지 영토를 넓힐 수 있고 영화가 정치사상 교육매체로까지 얼마든지 응(인)용 가능하다는 걸 반증한다는 점에서 간단치 않은 위인으로 거듭난다.

그가 돋보이는 또 다른 이유는 캐스팅 대상의 예외적 폭넓음이다. 그는 유독 다시 쓰는recurring 배우들이 제한적이다. 한 작품에 주연으로 발탁했다고 해서 계속 쓰는 일을 삼간다. 이를테면 틸다 스윈튼만 고집하던 생전의 데렉 자만이나 로버트 드 니로에게 꽂혀있던 마틴 스콜세즈 같지 않았다.(다음 표 참조)

그렇게 보면 〈맵스 투 더 스타즈(2015)〉까지 두 번 캐스팅된 로버트 패틴슨의 미래도 쉽게 가늠하긴 힘들다. 흔히들 크로넨버그의 페르소나라고 까지 불리는 패틴슨은 영화에서 더 없이 이기적이고 까칠하며 교만과 독선의 극을 달린다. 천문학적인 돈을 주무르는 뉴욕의 최연소 거물 투자가 에릭 패커로 분장한 패틴슨의 생활공간은 초호화 리무진이다. 영화의 태반이 여기서 시작하여 그 주변에서 끝난다.

협력자 / 영화명	Nicholas Campbell	Leslie Carlson	Vincent Cassel	Sarah Gadon	Ian Holm	Jeremy Irons	Stephen Lack	Peter MacNeill	Ronald Mlodzik	Viggo Mortensen	Robert Pattinson	Joe Silver	Robert A. Silverman
Stereo (1969)									×				
Crimes of the Future (1970)									×				
Shivers (1975)									×			×	
Rabid (1977)								×	×			×	×
Fast Company (1979)	×												
The Brood (1979)	×												×
Scanners (1981)							×						×
Videodrome (1983)		×											
The Dead Zone (1983)	×	×											
The Fly (1986)		×											
Dead Ringers (1988)						×	×						
Naked Lunch (1991)	×				×								×
M. Butterfly (1993)						×							
Crash (1996)								×					
eXistenZ (1999)					×								×
A History of Violence (2005)								×		×			
Eastern Promises (2007)			×							×			
A Dangerous Method (2011)			×	×						×			
Cosmopolis (2012)				×							×		
Maps to the Stars (2014)				×							×		
계	4	3	2	3	2	2	2	3	4	3	2	2	5

데이빗 크로넨버그의 주연 캐스팅 빈도[86]

86 http://en.wikipedia.org/wiki/David_Cronenberg (접속일자 : 15/03/31)

욕망과 타락의 도시 입구에 '자본주의'란 간판은 대문짝만큼 내걸리지 않는다. 하지만 남자의 하루는 도심에서 출발한다. 오로지 돈만 생각하는, 그래서 오늘은 또 얼마나 잃을지 강박에 시달리는 그에게 찾아오는 회계전문가, 투자전문가, 경제전문가, 큐레이터, 보디가드, 그리고 그의 부인 등은 패커의 어떤 고민도 근본적으로 해결하지 못한다. 게다가 뜻밖에도 다시 찾아온 대공황 때문에 엉망이 되어버린 뉴욕 시민들은 패커가 문제의 근본원인이라고 지목한다.

이를 피하거나 외면할 수 없는 상황은 숨 막히지만 리무진 안에서 보이는 바깥세상은 명왕성보다 멀다. 분노한 뉴욕시민들이 그의 리무진 안으로 들어가지 못하듯, 패커 역시 그들과 동화하긴 애당초 글러버린 일이다. 밖에서 안을 훤히 들여다 보지 못해도 없는 것 없이 다 갖춘 리무진 안에서 창으로 내다볼 수 있는 앵글 설정은 유난히 연극적이다. 서로의 격리감은 결국 관람의 기본 포인트다.

체제가 낳은 자본주의의 자식들로 슈퍼부자나 재벌의 행태는 늘 상상 대상이다. 궁금해도 알 수 없는 하이클래스의 삶은 알아버리는 순간, 시기와 질투의 오브제가 된다. 이 작품은 소설로 이미 세상에 나왔다. 작가 돈 드릴로Don DeLillo가 없었다면 크로넨버그에게 자본주의는 영화만으로 감당하기 어려운 공룡이었을 것이다.[87] 마르크스가 새삼 떠오르는 까닭도 그래서다. 쓰레기통 속에서 시들어가되 아예 죽어버리진 않은 장미 꽃잎 다듬고 여전히 푸른 이파리마저 보듬어야 할 이유도 여기서 새삼스러워진다.

부자는 어떻게 부자가 되었을까, 그리고 자신의 그 압도적 처지를 이어갈까. 이 물음의 답까지 꼼꼼히 살피려면 영화보다는 책이나 논문에 기대는 게 옳으리라. 하지만 접근은 다를망정, 영화로도 추론은 가능하다. 부자가 될 때까지와 그 이후 지탱의 모든 메커니즘을 두 시간 안에 다루기가 버겁지, 스크린 속 특정 타자와의 감정이입과 상황의 동일시를 도모하는 건 어디까지나 감각적 노력에 달려있을 터이니까. 21세기에도 마르크스의 '자본론'이 왜 설득력이 있는지는 영화적 이해를 위한 지적 힌트로 여전히 필요하다. 특히 그 급진적 이해를 위하여.

토마 피케티는 21세기에도 마르크스의 '자본론'이 뼈대뿐 아니라 디테일의 상당부분을 설득력 있게 지탱한다고 본다. 그 근거는 다음과 같다.

느리게 성장하는 경제에서는 당연히 과거의 부가 지나치게 큰 중요

87 영화 이전에 소설이 있었다. 드릴로의 원작은 2004년에 나온다. 우리말 버전으로는 다음을 참조할 것. 돈 드릴로 지음·조형준 옮김, 『코스모폴리스 : 21세기 새로운 개츠비의 탄생』(서울 : 새물결, 2013). 포스트모더니즘 소설의 대부로 세계경제를 내다보는가 하면 물질만능주의에 사로잡힌 인류에게 끝없이 경고해 온 드릴로는 현존 작가 중 가장 많이 노벨문학상 후보에 지명될 만큼 뛰어난 작품성과 견고한 세계관을 지닌다. 그의 작품은 수 없이 영화화 제안을 받지만 거창한 메시지 때문에 줄곧 실패한다. 이 소설도 크로넨버그가 영화로 만들자고 제안하자 작가는 반신반의했다는 후문이다. 하지만 크로넨버그는 단 6일 만에 시나리오를 완성해 제작자와 원작자를 설득한다.

> 성을 갖게 된다. 새로운 저축을 조금만 투입해도 새로운 부의 총량을 꾸준히 그리고 크게 늘릴 수 있기 때문이다. 더욱이 자본수익률이 오랜 기간 성장률을 크게 웃돌면(반드시 그런 것은 아니겠지만 성장률이 낮을 때는 그럴 가능성이 커진다) 부의 분배에서 양극화 위험이 커진다. 내가 $r>g$ 라는 부등식으로 표현할 이 근본적인 불평등은 이 책에서 결정적인 역할을 할 것이다.(여기서 r은 연평균 자본수익률rate of return을 뜻하며 자본에서 얻는 이윤, 배당금, 이자, 임대료, 기타 소득을 자본총액에 대한 비율로 나타낸 것이다. 그리고 g는 경제성장률rate of growth, 즉 소득이나 생산의 연간 증가율을 의미한다) … 19세기 이전의 역사에서 대부분 그랬고 21세기에 다시 그렇게 될 가능성이 크듯이 자본수익률이 경제성장률을 크게 웃돌 때는, 논리적으로 상속 재산이 생산이나 소득보다 더 빠르게 늘어난다고 할 수 있다. … 더욱이 이 같은 양극화의 근본적인 요인은 다른 메커니즘에 따라 강화될 수 있다. 예를 들어 저축률은 부와 함께 급속히 증가할 수 있다. 혹은 (갈수록 일반적으로 그렇게 될 것으로 보이지만) 개인이 애초에 물려받은 재산이 많으면 자본의 평균 실효수익률이 더 높을 수도 있다. 이는 훨씬 더 중요한 문제다. 자본수익률은 예측할 수 없고 자의적이며 그에 따른 여러 방식의 치부는 또한 능력주의 모델을 위협하는 것이다.[88]

문제는 불평등의 심화, 즉 사회양극화의 지속과 강화(였)다.[89] 이것만 해결할 수 있다면 혁명과 테러와 살인과 폭력이 그리 크게 필요할

리 없(었)다.[90] 그럼에도 불구하고 해소와 통합은커녕, 아예 조율조차 불가능한 현실은 여전히 인류의 죄악이자 멍에라고 보는 마르크스의 생각은 피케티가 보는 21세기 경제현실과 친화한다. 수렴과 조절은 그만두더라도 더욱 더 벌어지는 빈부격차까지 감안하자면 '슬픔'이란 단어도 인문학이 허여하는 감상적 낭만성the sentimental romanticity을 크게 넘어섰을 것이다.

> 자본/소득 비율이 상승하고 성장이 둔화되면서 오늘날 자본의 소유가 또다시 점점 더 집중되고 있기 때문에 부의 불평등 문제는 더욱더 중요하다. 부의 격차가 커질 가능성은 이 문제가 장기적으로 어떤 결과를 불러올지에 대해 많은 의문을 제기한다. 어떤 면에서 이 문제는 지금까지는 지역적으로 한정되어 있는 현상인 슈퍼경영자와 다른 사람들의 소득 격차 확대보다 훨씬 더 걱정스러운 문제다.[91]

88 Thomas Piketty, *Capital in the Twenty-First Century* [tr. by Arthur Goldhammer] (Cambridge, MA.: The Belknap Press of Harvard University Press, 2014), pp. 25-27.

89 머잖아 '과거'가 될 '현재'를 감안하여 시제를 병렬 처리하기로 한다.

90 위와 같음.

91 Piketty, *op. cit.*, p. 336.

오죽하면 영화는 기상천외한 프롤로그로 출발할까. 민첩하지만 더럽고 강하게 번식하지만 해롭기만 한 유동적 생명체를 돈으로 대체해버리는 발상은 하기야 영화가 인용할 경우 기발할 수밖에 없다. 싫어도 보아야 하고 역겨워도 만져야 하는 것. 뱃속으로 넣진 못할망정 가장 가까이, 될 수 있는 한 많이많이 쌓고픈 사회적 욕망은 애당초 골고루 나눌 수 없는 예외적 이기심을 바탕으로 삼았던 터다. 그것이 돈이라면 더러운 동물인들 문제 삼을 게 없고 그보다 더한 변용도 견뎌야 할 혹형이(었)다.

결국 '들쥐'를 화폐로 썼다A Rat Became the Unit of Currency.[92]

돈이 돈을 낳고 자본이 자본을 키우듯, 들쥐는 들쥐들의 무리를 낳게 마련이(었)다. 그것은 욕망의 무한증식을 바탕으로 삼되, 누구라도 피하기 어려운 본능의 덫에서 출발하여 끝 모를 소비충동과 이를 안정적으로 해소할 물질적 가치의 축적으로 구체화한다. 패커의 행복이라면 세상의 추종을 불허할 자본증식과 수익률의 안정적 지탱에

92 크로넨버그는 폴란드 시인, 즈비그니에프 헤르베르트Zbigniew Herbert의 작품, 「포위 공격받는 도시에서 온 소식Raport z oblężonego Miasta i inne wiersze[Report from the Besieged City and Other Poems(1983)]」 중에서 한 구절을 인용하는 것으로 영화를 시작한다. http://blog.naver.com/chanwoolee/220283217934 (접속일자 : 15/04/02)

있었던 터다. 그러던 그가 위안화의 폭락으로 만회하기 힘든 손실과 파멸전야에 외롭게 내던져져야 했던 것도 영화적 대척점으론 아이러니컬하다.

하지 못할 게 아무 것도 없고 원한다면 얻지 못할 것이라곤 아무 것도 없는 패커의 일상은 보통사람들의 비非일상으로 가득하다. 세상 어느 곳에서 벌어지는 일이든 리무진 안에서 금세 알 수 있고 건강검진은 하루도 거르지 않으며 의식주는 물론 섹스마저 거침없이 치를 수 있는 그에게 욕망은 도리어 거추장스런 싸구려 장식에 불과할 정도다. [배설 = 소비]라는 등식도 본능의 해소 앞에서는 조금도 자제할 이유 없는 그저 가벼운 비즈니스(였)다. 이윤을 극대화하기 위한 온갖 투자와 상담과정에서 유리한 자문을 마다치 않는 이들과 벌이는 섹스에 따뜻한 감홍과 사랑을 기대하는 건 연약한 인간들이나 하는 짓거리(였)다.

패커에게 섹스는 일상의 생활로 진지하거나 소홀할 이유 없는 육체적 소비요 본능해소행위다. 투자는 그에 앞서도 상관없고 나중이어도 관계없다. 심지어 섹스 중에도 상담과 자문은 얼마든지 가능하다. 이는 그에게 상식이다. 교만과 독선도 생활로 굳어지면 반성의 기회는 스스로 소멸하는 법.

패커는 사이버 보안담당 수석파트너인 샤이너(Jay Baruchel扮)에게 이처럼 읊조린다.

리무진은 밤에 어디로 가지?

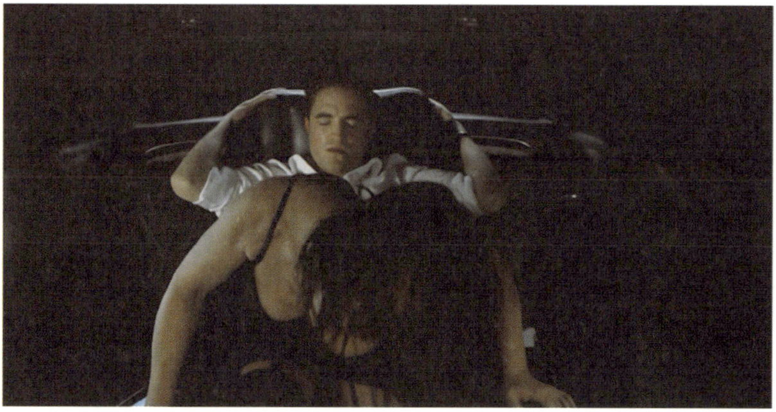

생산과 소비는 세상 어디에서도 가능하다[93]

우리 완전 선수야. 돈으로 돈을 벌잖아. 한순간에 돈을 펑펑! 근데 만질 수 있는 건 없어! 넌 10분마다 1천개 넘는 자료를 분석해. 그래프, 통계, 숫자를 갖고 놀잖아. 정보는 최고야. 혈관을 흐르는 피 같아. 우리에겐 정보력이 생명이지. 그 힘에 묻어가는 인간도 널렸고. 다 알겠는데 … 이게 뭐지? 사무실 두고 왜 차에서 만난 거야?

소비의 극한은 독점에서 빛나지만 쾌락의 정점은 오르가즘에서

93 패커와 기꺼이 살을 섞는 파트너 [A]는 예술자문역 디디(Juliette Binoche as Didi Fancher)다.

만 확인할 수 있는 게 아니다. 누리고 누리면서 패커가 터득한 삶의 극치는 혼자서만 즐기는 경우의 수를 늘리는 것이(었)다. 이를테면 교회도 사들여서 혼자 사용하고 자기가 제일 좋아하는 마크 로스코 그림도 그 교회 안에서 자기만 보는 것 말이다. 예술자문역 디디와 리무진 안에서 뒹구는 동안 패커는 의기양양해진다. 해외금융배팅에서 하루에 잃은 돈만 수억 달러인 주인공 나이가 28세란 사실도 영화에서는 단순 수치에 지나지 않는다. 로스코 그림처럼.

에릭 : 그림보고 싶으면 사라고 해. 교회 얼마야? … 내가 사면 내꺼야. 얼마면 팔겠대?

디디 : 교회는 안 팔아. 사회적 책임 운운하지는 않을게.

에릭 : 얼마면 돼?

디디 : 돈을 어떻게 써야 하지 ? …

에릭 : 내 전용엘리베이터가 두 개야. 하나는 에릭 사티의 피아노곡을 틀지. 다른 하나는 브루타 페즈. … 교회 가서 팔라고 그래. 돈은 얼마든 낼게. 교회벽돌까지 내 걸로 만들고 싶어. 예전 당신이 한말 기억난다.

디디 : 뭔데?

에릭 : '재능을 버리는 천재는 에로틱하다.'

디디 : 내가 왜 그런 말을 했지?

자본의 축적은 곧 정보수집능력에서 온다는 믿음도 영화는 기꺼이 실현한다. 리무진 안의 눈부신 IT기술력은 세상에서 벌어지는 온갖 일들을 실시간 압축·정리하여 패커에게 보고, 새로운 투자와 기회구조를 만든다. 때마침 평양을 방문한 국제통화기금 총재가 티브이에 출현하여 인터뷰하는 장면을 리무진 모니터로 바로 볼 수 있는 특권도 그에겐 보통이다.

동기야 불분명하지만 평양 스튜디오에 난입한 괴한에 의해 총재가 느닷없이 눈 찔리는 이변이 일어나는 장면이나 혼비백산한 진행자와 총재 사이로 클로즈업되는 김정일의 얼굴을 고스란히 바라보아야 하는 건 상투적이다. 뉴욕에서 평양으로, 리무진 안의 티브이 모니터에서 적대국가의 예외적 테러를 옮겨가며 보여주는 정치적 의도도 인습적이지만 감독은 영화로 말할 뿐 이데올로기의 대척점 사이에서 의아해 할 관객 입장은 고려하지 않는다.

영화를 영화로 보지 않고 철학과 정치학으로 녹이거나 사회학으로 뜯어보면 복잡해진다. 거기다 경제학까지 끌어들이면 얘기는 녹록치 않다. 하지만 충분한 이해와 분석을 통해 영화로 세상을 보면 현란한 설명이 불가능한 건 아니다. 방대한 이론서를 능가하는 촌철살인과 종횡무진으로 현실을 누벼 패커를 거듭나게 하는 인물은 따로 있다. 수석이론가chief of theory, 비야 킨스키(Samantha Morton扮)가 넘나드는 학문 영역은 여러 겹이다. 당장은 수학에서 멀게는 경영정보학으로, 그런가 하면 정보통신공학으로부터 경제사회학과 정치심리학까지 학제 간 마인드마저 구비한 그녀의 지적 인프라는 패커를 주눅 들게 만든다. 세상에는 돈 말고도 유익한 게 있고 육체를 육체로 소비하는 행

살인은 사업의 연장이다

위 말고 즐거움 하나가 더 있으니 이론은 이론으로만 작동하지 않음을 말로 보여주는 것이다.

그러나 아무리 이론적 학습일망정, 패커는 일방적으로 물들려 하지 않는다. 어디까지나 고용주는 자신이며 강자임은 물론, 지적 권위에 버금갈 권력의 아우라가 자신에게 있다는 사실을 누구도 잊어선 안 된다는 강박에 사로잡힌다. 그런다고 고분고분하지도 않은 상대는 영화의 흥미를 더한다. 크로넨버그의 정교한 계산이 빛을 발하는 까닭이다.

장황하지만 둘 사이에 오고가는 자존심 경쟁과 한 치도 지지 않으려는 서로의 긴장을 주목하자. 대화의 감각적 균형마저 정치적으로 꾀함은 대사로나마 차분히 뒤쫓을 대상이다.

비야 : 돈 버는 기술을 생각해 봐. 그리스어로는 이거야. '크리마티스티코스.' 근데 의미가 변했어. 현실을 봐. 돈이 달라졌잖아. 돈은 돈을 위해 존재해. 다른 의미는 없어. 오래 전 그림이 그랬듯 돈도 변질됐어. 돈은 살아있는 놈 같아. 난 이 차를 좋아 해. 모니터도 멋지고 우린 이런 기술로 엄청난 돈을 벌지. 근데 내가 아는 건 없어. 이게 멈출까? 천천히 갈까? 몰라도 돼! 돈만 있으면 되거든. 좀만 머리를 굴리면 안 되는 게 없어! 특히 미래라는 아이디어는 대단해. 돈이 시간까지 만들지. 예전엔 반대였거든. 이젠 돈이 전부가 됐어. 영원 따윈 없어. 짧은 시간만 보잖아. 시간당 임금부터 계산하고 말야. 미래를 만드는 건 사이버 자본이 됐어, '나노 초'가 뭐야?

에릭 : 10의 마이너스9승.

비야 : 그게 뭔데?

에릭 : 10억분의 1초.

비야 : 뭐가 뭔지 모르겠다. 성공하려면 세상을 정확하게 측정해야 해.

에릭 : 10해분의 1초.

비야 : 좋아.

에릭 : 1자분의 1초, 24승분의 1초까지.

비야 : 기업은 시간까지 주물러. '미래'란 상품을 만들면 '현재'는 버리게 돼. 결국 미래 시장이 미쳐 날뛸 꺼야. 미래를 위해 현재

를 포기하라고? 이렇게 둘 수는 없어. 광분하는 속도를 어떻게든 막아야 돼. 제발 정신 차려! 사람들은 이런 속도를 못 쫓아가. 기술과 돈을 못 가진 사람들이 시위하잖아. 사이버 자본들이 설치면서 사람들은 처참해졌어. 인간의 모순을 알아?

에릭 : 뭔데?

비야 : 미래엔 공포나 죽음이 없는 척 하잖아. 실은 미래가 두려워 못 오게 해. 현재를 지키겠다는 몸부림이지. 미래는 완전할 것 같고 모두 행복할 것 같지만 그래서 미래는 실패야. 불가능한 모습만 상상하니까. 에릭 패커 회장이 차에 탄걸 알면 어떻게 될까? 무정부주의자가 하는 말 있지?

에릭 : 알아.

비야 : 말해봐.

에릭 : '파괴는 창조에서 시작된다.'

비야 : 자본주의에선 '필연적 파괴'라고 하지. '오래된 산업은 제거한다.' '시장을 새로 만들고 이전 시장은 버린다.' '과거를 파괴하고 미래를 창조한다.'

비야 : 천재는 세상을 바꾸잖아. 첨단기술은 우리 운명까지 바꿔놓고 신도 기적도 마술도 필요 없어. 어떤 미래도 가능하게 된 거야.

에릭 : 하지만 그런 미래가 우리 숨통을 조여오지.

비야 : 난 이론을 분석할 뿐이야. 새로울 것도 없어. 그럼 뭐가 새롭지?

에릭 : 충격적 사건은 많잖아.

비야 : 이전에도 있던 거야.

에릭 : 자기 몸에 기름 붓고 불붙였는데

비야 : 수도승이 자신을 제물로 바칠 때도 그랬어.

에릭 : 고통을 상상해 봐. 그걸 느껴 봐.

비야 : 영생을 위해 몸을 던졌을 뿐이야.

에릭 : 뭔가를 말한 거야. 생각을 하라는 의미지.

비야 : 그게 새로울 건 없다고. … 재밌지? 영생을 꿈꾸는 인간 얘기 말야. 당신은 바벨탑에 살면서 벌도 안 받네. 참, 비행기도 샀다며? 구소련 물건 말이야. 도시 하나 날려버릴 폭격기라던데. 맞아?

에릭 : 구형 Tu-160. 별명은 블랙잭A. 1988년경 도입됐지. 불법이지만 핵폭탄 운송도 가능해.

비야 : 조종은 할 수 있어?

에릭 : 무기 싣고는 안 돼.

비야 : 누가 못하게 해?

에릭 : 국무부. 국방부. 알코올 담배 무기국.

비야 : 러시아에서 샀어?

에릭 : 러시아? 카자흐스탄 암시장 벨기에 인한테 헐값에 샀어. 사막 위에서 30분 동안 몰아봤지. 3100만 US$.

비야 : 지금 어디 있어?

에릭 : 애리조나 창고. 부품이 없으니 무용지물 신세야. 바람이나 맞

고 있지만 가끔 보러 가.

비야 : 왜?

에릭 : 확인하려고. 내 거잖아.

비야 : '인간은 죽지 않는다.' 신문화 개념 알지? 인간은 정보 흐름에 빨려들어 갈 거야. 잘은 모르지만 컴퓨터란 기계는 사라질 걸. 다 없어지는 거야. 부품도 필요 없어. 본체, 모니터, 키보드 없어도 컴퓨터 기능은 삶에 녹아들 테니까. 정말일까?

에릭 : 컴퓨터란 단어도 그래.

비야 : 그 말도 멍청해 보여.

패커에게 섹스는 무감각한 노동이다. 즐기되 감동하지 않고 반복하되 흥분하지 않는 격조 있는 노동쯤 된다. 영화 속 섹스 상대가 자기를 돕는 여성들이었다는 사실은 자본권력의 힘과 지배적 영향력의 '끝판'을 잘 보여준다. 상대가 근무시간 끝난 여성 보디가드였지만 자기 목숨을 지켜주는 사람과의 은밀한 만남이 다른 이들과의 그것보다 더 쾌락적인지 여부는 불분명하다.

그녀가 예외였던 건 순전한 우연일까. 섹스장소가 리무진 아닌 호텔이었던 건 단지 너른 공간에서 즐기려는 개인적 욕구 때문인지 영화는 답하지 않는다. 리무진 공간의 반복사용을 통한 시각적 거부감을 피하려는 감독의 배려? 쾌락에도 등급이 있으며 '누림'에도 격조가 있음을 알리려는 무의식적 각인? 유혹과 제패, 지배와 복종은 반드시 자본의 전유물이 아니며 독점대상도 아니라는 사실의 학습? 자본을

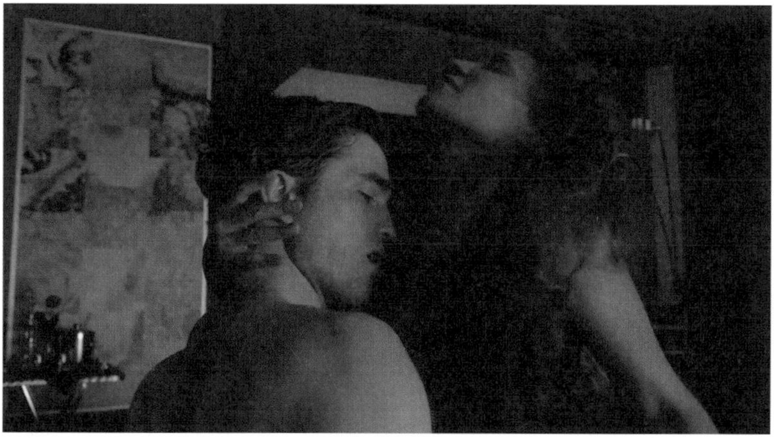

죽도록 즐길 수 있어 더 허기진 자본주의[94]

제압할 미래 자원은 여전히 노동이며 이를 주관하는 물리적 단위는 육체라는 상식의 확인?

그러나 순간이나마 즐기려는 둘의 계약관계는 자본과 쾌락의 맞교환으로 선명해진다. 무료함도 고통이요, 빈 시간도 압박이라면 괴로움은 해소해야 할 당연한 항목으로 정치화한다. 이때마저 받은 만큼 주고, 준만큼 되돌려 받는 이익의 균등배분이 생활 속 의무인 것이야 자본주의 시스템의 기본 메커니즘으로 부각된다.

94 파트너 [B]는 보디가드, 켄드라(Patricia McKenzie as Kendra Hays)다.

영화 후반부는 그나마 가끔이라도 리무진에서 내려 바깥세상을 들여다보려는 패커의 노력과 뉴욕 시민들의 정치적 광분으로 구성된다. 하지만 자세의 근본이 바뀌기보다 예전 자기 부친이 다니던 변두리 이발소에서 머리를 자르려는 센티멘털한 변화와 이제야 비로소 자신을 겨냥하는 세상 반발에 긴장하는 정도였다. 가장 큰 수확은 자신을 죽이려는 시민들의 숫자가 불특정 다수를 넘어 걷잡지 못할 수준으로 커져가고 있음을 자각한 것이다.

그 같은 현상을 특정인의 이상행동이나 예외적 정치비판만으로 좁혀볼 수 없는 건 공격의 동시다발성 때문이다. 리무진에 스프레이를 뿌려대거나 아예 페인트를 던져버리는 일쯤 애교 섞인 항의였다면, 테러와 암살로 발전하는 반反에릭 패커 전선은 변형된 사회혁명으로도 이해할 수 있다.(이제 어디서 계급구조와 권력구조를 동시에 뒤엎을만한 정치적 이변을 도모하겠으며 민중 전체의 자발적 항거마저 기대할 수 있겠는가) 기습공격을 단행한 안드레 페트레스쿠(Mathieu Amalric扮)는 이렇게 말한다.

> 난 권력과 부에 정면 대항한다. 이 파이로 널 공격하려고 3년이나 기다렸어. 오늘을 위해 미 대통령 암살도 포기했다. 대통령보다 너부터 죽여야 하거든.

하지만 이 같은 엄포 앞에서도 기죽지 않는 패커는 자본주의사회의 계급긴장을 홀로 대변한다. 음성인식장치가 장착된 수석경호원 토발(Kevin Durand扮)의 총으로 자신을 지켜주던 그를 도리어 죽여 버린다

코스모폴리스의 배설 : 사회혁명의 변형

든지, 자기를 노리는 또 다른 암살범의 총격을 피하지 않고 적의 소굴로 직진하는 패기는 몰락한 대자본가의 허세치곤 퍽 의연하다. 다 잃더라도 자존심만큼은 지키겠다는 투지로.

암살이나 테러가 18세기의 사회혁명이나 19세기의 전쟁을 대체하는 20세기형 콘셉트라는 주장은 억지 가설로도 적실성을 얻기 어려울 것이다. 하지만 강자의 교만과 방종을 다스리려는 현대사회의 개인적 형벌로 이해하는 건 어떨까. 모두가 한꺼번에 달려들어 단죄할 악인이어도 세勢의 통합과 실천의 집중성을 담보하기 힘겨웠다면, 의기충천한 단독자의 결행이 이를 대신했던 역사야 산처럼 쌓여 있지 않은가.

하기야 리무진 안에 변기까지 만들어 배설을 해결하는 부자의 행

방종은 교만의 특권이다

태를 악이라 규정하는 건 해석의 오버일 수 있으리라. 하지만 이 정도 교만이야 한 나라의 자본을 교란하고 화폐의 유통질서를 망친 죄과에 비하면 새 발의 피였을 것이다. 차 안에서 섹스도 마다치 않는 위인이라면 소변보는 일쯤 뭐가 문제랴. 가지 못할 곳 없고 하지 못할 바 없는 권력이라면, 이마저 서슴없이 저지르는 인간은 이미 맹목의 경지를 벗어나고 있었다. 나아가 영향력은 물론 권위도 흡수하고 세상의 온갖 지배력까지 빨아들이려는 충동에 스스로를 묶는 부자요, 이들을 제어할 군중도 허약한 자본주의도시라면 코스모폴리스는 어느덧 눈 멀어가는 자들의 공간이 되고 있었다.

악의 반복은 방종의 순환과 교만의 유통을 허여한다. 오만의 행진이 전통을 부수고 독선의 나래를 펼 때 무례와 반동은 물론, 자신의 불멸과 영원을 쉽게 믿고 그에 물드는 것도 자본주의 체제가 낳은 폐단 가운데 하나다. 자신이 악의 화신인줄도 모르고 도리어 자기를 죽이려는 암살범 소굴이 악마의 은거지라 여긴 패커는 희한한 긴장감에 젖어든다. 가장 악착스레 자길 죽이려는 자가 하필 자기 회사에서 태국의 바트 통화분석을 담당했던 베노 레빈(Paul Giamatti as Benno Levin) 임을 확인한 것도 패러독스치곤 독했다.

베노의 결핍감이 어디서 비롯되는 지 밝히지 않은 건 영화의 흠이다. 하지만 이유야 어쨌든 그것이 영화중심을 흐리지 않는 한, 먼저 풀어야 할 건 빈곤과 열등감에 찌든 암살자의 총구와 이제는 몰락 부자로 살아야 할 자기 삶의 새로운 문법이다. 서로의 목적이 어긋나는 한, 접점 찾기는 쉽지 않고 서로를 탓하는 것만이 유일한 출구다. 안 그래도 '같이 있기'란 갈등인 걸 일깨워주려는 듯, 둘은 격돌한다.

베노 : 뭐하는 거지?

에릭 : 질문은 내가 한다. 대답해, 왜 날 죽이려는 거지?

베노 : 그렇게 간단한 걸 묻다니 한심하군. 인간답게 살려면 네가 사라져줘야 하거든! 너무 쉽지? 네 머리엔 똥만 찼지만 난 생각도 하고 살아. 담배?

에릭 : 마실거나 줘.

베노 : 날 알아보겠나?

에릭 : 얼굴 안 보여.

베노 : 앉아서 얘기하지.

에릭 : 그러지. 좋아. 말해봐. 사람들에 치여 너무 힘든 하루였어. 이젠 나를 돌아볼 시간이야.

베노 : – 천장에 대고 총 한방 쏨 –

에릭 : 총 쏘는 게 영 서투시군. 나도 그 총 쏴봤지. 화력이 장난 아냐. 근데 이건 좀 … 집에 발사대를 설치할까 해.

베노 : 잘난 네 사무실에서 총을 쏘시지?

에릭 : 사무실? 우리 회사에서 일했었나?

베노 : 내가 누구일거 같나?

에릭 : 몰라. 누구야? 이름이나 말해 봐.

베노 : 말해도 모를 걸.

에릭 : 얼굴은 기억 못해도 이름은 알아.

베노 : 베노 레빈.

에릭 : 가짜 이름이군. 이름까지 지어내시고. 근데 얼굴은 알겠어. 낮 12시 쯤 현금인출기에서 봤어.

베노 : 나를 봤군.

에릭 : 낯익어. 어디선가 본 듯해서 내 직원인가 했네. 나를 싫어해서 죽이려는 거 아닌가.

베노 : 드디어 우리가 만났군. 돌고 돌아 여기까지 온 거야. … 네 삶은 모순투성이야. 결국 추락을 자초했지. … 넌 곧 죽을 거다. … 넌 더러운 부자야. 민중을 위해 어쩌고 그따위 소리하지 마. … 넌 1등에 미친놈이야. 망할 때도 1등 했잖아. 하루 만에 돈 다 잃고 돈을 다 버렸으니 권력을 달라는 식이지. … 넌 모든 걸

가졌고 난 거지야. 그게 널 죽이려는 또 다른 이유지 …

에릭 : 폭력을 쓰려면 대의가 필요해. 진실 말이야.

베노 : 인생의 진실은 인간과의 소통이야. 그걸 알고 내 인생이 달라졌어. 우린 더불어 살아야 돼. 소비자가 없다면 잘난 대기업도 쓰러져. 근데 난 지금 존재감이 없어. 나 같은 거 없어도 잘 돌아가는 것 같아. 이 세상이 이상해. 어쩌다 이렇게 됐을까. 은행, 주차장, 공항 … 식당마다 가득한 사람들. 다들 지갑에서 신용카드를 꺼내 몇 장짜리 종이에 서명하고 고객용 영수증을 받지. 신용카드는 다시 지갑에 넣고 이것만 봐도 분노가 치밀어. 주치의한테 검진 받는 놈만 봐도 열 받아! 누군 잘 처먹고 누군 못 먹어 죽고 누구는 놀고먹고 난 너희 노예냐? 내가 쓰레기야? 이놈의 사회가 편을 갈라버렸다고! …

에릭 : 부자를 싫어하는 사람은 없어. 좀만 노력하면 누구나 부자가 된다고! 넌 생각이 틀려먹어서 죄를 짓는 거야. 총도 제대로 못 쏴서 벽이나 뚫지. 못 봐 주겠군. 암살하겠단 놈이 한심하기는! 그 총의 기능을 제대로 알기나 해?

베노 : 네 말이 맞아. 난 남자답지 않아서 총에 대해서 몰라. 너랑은 다르지. 남자로 살긴 커녕! 죽지 못해 산다고. …

— 에릭, 자기 입안에 총구를 넣다 뺀 후 왼손바닥 펴고 한 가운데 총을 쏨 —

베노 : … 넌 규칙대로만 위안화를 예측했어. 나무나이테 계산하듯 한 거야. 꽃피고 지는 자연의 이치처럼. 그렇게 외환시장을 본

거야. 그게 전부라고 했지. 넌 겁나게 정확하게 분석했지만 중요한 걸 잊었어.

에릭 : 뭐?

베노 : 시장은 네 분석을 벗어나 움직일 수 있다는 거. 완벽한 좌우 대칭은 절대 없다는 거. 그게 너야. 넌 돈을 제대로 파악도 못한 거야. 돈도 자기 멋대로 움직이거든.

에릭 : 불규칙성?

베노 : … 근데 난 너를 쏴야 돼. 너를 죽이지 않으면 내가 살 수 없거든. … 내 가슴엔 '한'이 맺혔어. 긴 세월 분노를 삭이면서 생겼지. 이젠 괜찮아. 하여간 넌 죽어야 돼.

에릭 : 하루 만에 상황이 변했군.

베노 : 난 상상력이 병이고 넌 오만한 게 병이지. 넌 너무 태양 가까이 가서 녹아버린 거야! 추락을 자초했어. 근데 시시하게 죽으면 영웅도 못 되잖아. 내 발가락 무좀균도 같은 생각일 거다. 널 죽이라고 하는군. 너 같은 건 사라져줘야 돼. 넌 가진 게 너무 많거든. 몸은 또 얼마나 챙기시는지! 매일 건강검진씩이나! 방글라데시 공기까지 오염시키며 리무진 타고 그것도 문제야.

에릭 : 웃기는 소리군.

베노 : 웃기는 소리?

에릭 : 남 생각은 한 순간도 안 하는 주제에.

베노 : 좋아. 공기오염만으로도 넌 유죄야.

에릭 : 정말 무좀균이 말해? 진지하게 묻는 거야. 하긴 신의 소리를

듣는단 사람도 있지.

베노 : 하여간 넌 죽었어. 죽은 거나 마찬가지야. 100년 전 죽은 거야. 수백 년 전 사라진 왕족들 꼴이군. 자나 깨나 양고기만 처먹던 것들. 살면서 이런 얘긴 처음 해본다. 양고기라. 너라면 내 병을 치료할 거라고 한땐 기대했었다. 널 구세주로 믿었다고!

얄궂은 건 끝날 것 같지 않은 싸움의 내용이 아니다. 죽이겠다고 덤벼든 베노의 망설임과 픽이나 기가 죽은 패커의 권총 자해가 영화 끝나도록 상황의 변곡점을 만들지 않기 때문이다. 관객에게 길을 물어 상황을 바꿀 수도 없고 그대로 놔둔들 그 다툼이 언제 끝날지 아무도 모르는 사태의 방임도 따지고 보면 감독의 계략이다. 분명한 건 상상의 남은 몫이 관객들 것이 된다는 점이다. 서로가 으르렁대다 해

자본주의의 유령

저무는 일도 잘 견뎌내야 한다.

암전暗轉 fade out의 정치학은 그래서 이해하기 힘겹다. 스토리텔링의 여백을 각기 자유롭게 메워야 할 부담은 극 형식을 취하든 영화로 막을 내리든 가혹하긴 매일반이기 때문이다. 하지만 넓게 생각하면 늘 그런 것만도 아니다. 이데올로기의 종결은 본원적으로 불가능하다는 점. 극적 극단성의 상상은 숱하게 가능하며 그것이 모두 같을 것이라거나 같아야 한다는 발상도 무리라는 점. 있을 수 있는 일들을 토대로 이야기구조를 마무리한다는 건 궁극적으로 허구이며 선명성을 표방하는 최후도 수많은 개연성 가운데 하나일 뿐이란 점.

상황의 (종결이 아닌) '동결'로 상상을 자극하는 영화 마무리를 지속적으로 문제 삼는 건 무리다. 자본주의의 선택적 미래를 가늠하기 위한 회고와 반성의 계기치고 그건 퍽 자극적일 것이다. 정치적 긴장의 모멘텀과 영화의 역사 사회적 적합성을 단지 완성도라는 잣대로 엮어 평가 절하할 빌미가 될 수도 있기 때문이다. 중요한 것은 돈 그 자체를 농락한 패커가 세계경제공황의 근원으로까지 지목당한 까닭을 돌아보는 일이다. 그 안에 체제의 모순과 이를 개선할 최소한의 대안이 함께 깃들어 있기 때문이다.

들쥐가 화폐단위로 통용되는 뉴욕의 삶을 허망하게 버텨야 하는 행인들의 눈동자나 절박한 최후를 맞이한 주인공이 견뎌야 할 암살자의 총구는 오늘의 세계자본주의를 정면 조준한다. 그것을 분노한 군중들의 부라림으로 환원할 필요조차 없이 불만과 불안에 젖어 있는 글로벌 이코노미의 뒷모습은 처참하다. 말기자본주의의 절망과 황폐를 영화로 파헤칠 수 있다면, 도시를 배회하는 수많은 노동자들의 우울이라 하여 그리지 못할 영상은 없을 것이다. 베노는 지금 이 순간도 고민하고 있을지 모른다. 패커의 뒤통수를 겨눈 채 방아쇠를 당길까 말까 망설이느라고.

VI.

영화사상의 풍요와 영화의 정치사상적 빈곤

예술영화는 어렵고 상업영화는 덧없다는 편견은 좀처럼 깨지지 않는다. 장르영화라 하여 사정이 다른 건 아니다. 장르라는 서랍 앞에 무슨 라벨이라도 붙일라치면 다음 날부터 그 글씨는 꼼짝달싹 못하는 영화의 옷이 된다. 벗으면 그만이라지만 한번 덧씌우고 나면 편견의 늪은 물 빠질 때까지 오래 걸린다. 영화의 제작과 유통은 예술과 자본의 꼭짓점을 오가며 그 사이 어디엔가 자신의 거점이 마련되길 고대한다. 영화가 권력일 수도 있지만 초라한 깃발 아니면 그저 단출한 기억의 초상이 되기 쉬운 까닭이기도 하다.

정치영화라는 장르 자체가 여전히 생소함은 책을 이끈 궁극의 동력이다. 장르까진 아니어도 단일 작품의 제작과 상영이 필요함은 필자가 줄곧 강조한 사항들이다. 하지만 예술과 자본의 어느 종착역이든 세상 압도할만한 작품 하나가 관객들을 흔쾌히 부여잡고 오늘에 이른다는 기록도 이제껏 찾지 못한 우리다. 비슷한 작품들이라도 모여 특정 부류를 이루거나 정치영화의 아카이브를 이루었다는 소리 역시 들어보지 못한 이 땅의 과거다. 왜 만들어야 하는지만큼 어떻게 찍고 받아들일 것인지조차 치밀히 따져보지 않은 채 이데올로기의 시대는 갔다. 오롯이 그 시대를 보내고 난 모두는 척박함과 처연함으로 넘실대는 새로운 세기에 쾌적함과 편리함만 좇으며 쏟아지는 영화 앞에 대책 없이 서 있다.

만들 수 없어 못 만든 게 아니다. 만들기를 저어했고 보기를 망설였으며 다시 돌리기를 자제했던 터다. 하지만 일부러 안 만들었다는 저 편리한 핑계 속에 묻어나는 과거의 정치적 무능과 침묵으로 일관한 영화적 무관심을 늘 면책할 수 있는 것만은 아니다. 이제라도 차근히 제작방향을 세우고 촬영을 고민해야 할 진짜 이유다.

수확은 있었다. 영화는 여전히 효과적인 가르침의 도구이며 시대를 같이 하는 이들을 달래는 수단이란 사실을 확인할 수 있었기 때문이다. 하지만 그것은 대중의 인기를 독점할 분야가 '정치'임을 뒤늦게 계몽하려는 작업이 아니었다.

사회혁명이 보편적 용어가 된 이후, 역사변화의 경로가 제한적이었다는 주장에도 쉽게 동의하긴 어려웠다. 하지만 돌이켜보면 정치적 믿음을 담보한 온갖 우김obstinacy의 논리는 몇 가지 결정적 유사성을 보인 게 사실이다. 전쟁의 쓰라린 패배를 통렬하게 극복하는 길은 단숨에 세계를 제패하는 수밖에 없다는 믿음이 그랬고 그걸 퍼뜨리려는 기괴한 사상 역시 둘일 수 없다는 독한 고집 역시 주목해야 했다. 빈곤의 원인은 사회적 불평등이며 고르지 못한 부의 분배는 계급과 국가의 여전한 지탱 때문이라 여기는 전복과 변혁의 사상이 세상을 다시 뒤흔들는지는 더 치밀하게 지켜봐야 할 대목이다. 혁명의 시대는 갔지만 혁명적 조건으로 넘실대는 삶은 여전히 혁명으로 파쇄破

碎해야 할는지 모르기 때문이다.

세계에서 제일 힘센 나라만이 정의의 유일한 사도란 생각을 믿게 할 방법은 힘밖에 없었다. 평화만 보장된다면 마구잡이로 적들을 죽이거나 의심나는 자들을 찔러댄들, 전혀 죄가 되지 않는다는 기이함이 상식인 역사는 정상이 아니었다. 세계최강의 국가가 독점하는 물리적 폭력에 맞설 새로운 힘의 등장이 요긴했던 것도 그래서 당연했다. 하지만 무슬림의 단결과 저항은 대등한 힘을 바탕으로 한 게 아니어서 더 처연하고 자신을 망가뜨리는 폭력은 서로 미워하며 분노하게 만드는 역사의 호루라기로 사막을 적신다.

서슬 푸른 자본의 파워가 언제까지 제 기운을 이어갈는지 정확히 아는 사람은 없다. 기술과 정보의 집적이 자본축적의 지름길이며 노동과 조직이 부의 집중을 보장하는 독립변수라는 사실도 지극히 상투적이다. 상처투성이어도 이제껏 유지한 삶의 방식을 고수하는 게 급격한 변화를 도모하는 것보다 낫다는 생각도 경험으로 얻은 교훈일 뿐, 이론으로 확인한 신비는 아니다. 그렇다고 그 미래마저 달콤하리란 예측이 오늘 불가능한 것은 체제가 견뎌야 할 비극이자 잊어선 안 될 불행의 항목이다.

전체주의와 사회주의의 매력이 아직 통용되는 세상이라면, 이슬람 원리주의와 과격한 폭력미학이 설득력을 지탱하는 까닭도 이해 못할 리 없을 것이다. 뿐만 아니라 자본주의가 좀더 이어질 것이란 예측이 유효한 건 그것이 최고라서가 아니라 흠결이 덜한 때문이다. 더욱 중요한 성과는 낡어가는 이데올로기의 시대를 아련히 돌아볼 날이 하필 오늘이어서가 아니라 철지난 얘기일망정, 그 복잡한 단서들을 영화가 붙잡고 새롭게 펼쳐준 까닭이다.

'악의 평범성'을 책으로 읽는 것과 영화 〈한나 아렌트〉로 경험하는 건 같지 않았다. 하지만 궁극에 느끼는 평범성의 비범함과 일상성의 정치는 관객을 물들인다. 오래도록 머무는 '울림'은 반드시 종교적일 필요도 없고 난삽하기만 한 추상의 메시지도 아니란 자각은 아렌트가 영화로 일깨워준 또 다른 '놀라움'이다. 악마도 곁에 두면 한없이 익숙해지고 천사의 자유로움마저 시늉하게 만드는 아둔한 나날들 역시 모두의 '부끄러움'이었다. 올바로 행동해야 할 때 침묵과 외면을 재촉한 정치적 원죄의식의 밑바탕이었음도 안타깝게 확인한 수치스러움이었다. 전체주의가 무서운 건 삽시간에 모두를 빨아들이는 기운 때문이었다. 그래서 연약한 개인을 한없이 용감하게 만드는 익명성이 비겁의 가면까지 덧씌워 자기가 누구였는지 잊게 만드는 재주 때문이었다.

〈필름 소셜리즘〉이 새삼스러운 건 만년의 고다르가 만든 작품이어서가 아니다. 역사와 사회를 설명하는 여전한 적실성 때문이다. 영화가 오늘을 다시 보게 만드는 회고와 반성의 계기가 된다면 정치적 효과는 작지 않다. 이제 다시 늙은 마르크스를 소환하거나 주름진 레닌을 호출하지 않고도 사회주의 혁명미학을 설파하려면 정교한 설명틀과 유인의 장치는 필수이리라. 하지만 이제 영화가 다시 사회주의를 부르짖기 위해 필요한 건 화염병도 짱돌도 아니었다. 한 편의, 아니 몇 편이라도 기꺼이 써내려갈 것 같은 시인의 열정이 격정의 구호를 대신하고 경찰서와 감옥을 불태우던 젊은 피를 가라앉힐 잔잔한 기운을 동원할 수 있었던 건 노련한 자기성찰이었다. 영화로 사상을 말하려는 몇 안 되는 감독의 지혜와 건설적 고집에 매력을 느끼는 이유다.

죽이고 싶도록 미운, 아니 실제로 죽임을 불사하는 마음의 불꽃이 극한 혐오와 격정적 '화火'에서 비롯된다면 살인의 결행은 완벽한 정치적 제로섬이다. 네가 죽어야 내가 사는 전쟁의 정치가 테러로도 확인 가능한 삶은 비극치고 독한 페이소스pathos를 담는다. 약한 나라 모두가 강한 나라를 미워하는 건 아니지만 그래야 할 사연이 정치적으로 흐르고 넘치는 나라들에게 슈퍼 파워는 사라져야 할 악의 근본이(었)다. 그날이 온다면, 오게 할 수만 있다면 '나'는 수도 없이 죽고 다시 태어나며 영원히 살아야 할 이유로 넘쳐나는 존재다.

정치적 미움의 대상을 제국주의로 부르고 늘 그들을 죽여야 한다고 되뇌면서 실천을 다짐하는 일은 민족의 과업이자 역사의 소명이었다. 영미제국을 향한 무슬림의 분노가 같은 정치권역 안의 다른 민족에게까지 강력하게 스민 내역은 역사의 또 다른 곡절로 자리한다. 〈클린스킨〉의 폭력철학과 〈천국을 향하여〉가 보여주는 근본적 분노가 타협과 조율대상이 될 수 없는 이유도 여기서 확인한 영화의 정치적 힘이다. 아프가니스탄의 젊은 사자가 영국 첩보원의 심장을 겨누는 까닭이나 이스라엘 백성 모두를 공격 타깃으로 삼는 팔레스티니안의 목숨이 자살폭탄의 반복으로 가벼이 다뤄지는 이유도 미움과 분노의 완벽한 상쇄로 이해할 것이다.

자본주의를 영화로 보는 작업은 앞서 다룬 그것보다 한결 수월하다. 현재로서의 역사성과 사회경제적 익숙함 때문이다. 하지만 영화정치학의 파급효과는 앞의 경우들보다 더 크다. 자본수익이 국가 경제성장률을 늘 넘어서거나 그 같은 삶의 조건이 예측 가능한 미래로 항시 열려있는 자들을 '부자'라고 부른다면, 21세기 역시 마르크스의 이론은 적절하다는 분석도 얼마든지 유효하다.

문제는 자본의 반도덕성과 무한대의 자기 확장성을 자본 스스로 제어하지 못한다는 체제 보편의 현상이다. 가장 큰 모순은 체제 스스로 건전한 자본축적을 방해하고 체제를 견디는 모든 인간들로 하여금 자본 그 자체만 바라보게 만들었다는 점. 노동의 대가는 늘 자본의 잉여가치를 넘지 못하며 확대 재생산되는 수익구조와 이윤창출의 순환논리에 예속될 수밖에 없다는 사실. 구조적 모순의 틀은 자기수정이나 검열 혹은 개혁 메커니즘으로 개선·치유될 가능성을 상실한 지 오래고 계급이 계급을 미워하는 적대의식은 강화될 수밖에 없다는 것. 이들도 영화가 일깨워준 평이한 진실이다.

'영화로 보는 정치'는 정치 그 자체에 온전히 탐닉하거나 경험으로 몰두하는 일에 앞서지 못한다. 특히 지난 시절을 휘어잡던 온갖 부르짖음과 정치적 독선의 세계가 오늘 영화 미디어로 거듭날 수 있다고 하여 논리의 복고와 소급이 현실의 고통을 구원할 대안이 되지 않음도 상식을 웃돈다. 효과적인 설득과 매력적인 교화수단으로 영화 따라잡을 미디어가 다시 없을 것이라 해도 숱한 감독들 가운데 누가 과연 루소의 일생을 세 시간으로 녹이고 헤겔과 마르크스의 삶을 구성진 필름언어로 그려낼 것인지는 아직 손쉬운 예측대상이 되지 못한다.

중요한 건 여전히 사상의 무게감을 느끼며 살 수밖에 없는 현실의 '가벼움lightness'이다. 게다가 그것을 터득해야 할 각자의 방식이다. 느끼지 못한다고 없는 게 아니며 보이지 않는다고 사라진 것이 아닌, 손으로는 도저히 어쩌지 못할 사상의 저 불투명한 강고함을 순간적으로나마 견고히 자각하는 과업이 이제 새삼 우리 앞에 놓인다. 사상 없는 순간은 잠시도 없었다. 희망과 행복을 향한 장정의 대열에 깃발 없는 나날들마저 가능하리라 믿는다면 그것은 위대한 위선의 행렬로 탈바꿈할 공산이 크다. 누가 무엇을 우기고 언제 어디서 논리의 희한함으로 군중을 유린한다 한들, 당장은 자신의 푯대에 따라 믿고 선택하며 움직일 테니까. 그렇게 살아왔던 '짐승'의 이름도 바로 '사람'이었으니까.

영화는 영화대로 각자의 삶의 방식을 그린다. 그것이 도도한 영화사상을 만드는 동안, 정치사상의 흐름을 터득하지 못했다 하여 분노할 일은 아니다. 풍요 속의 빈곤이 또 다른 자각의 빈터만 만들 수 있다면 하나로 열을 바라보는 건 버거운 일이 아니다. 잘 만든 영화 하나가 역사를 말하고 우리를 더욱 초라하게 만들거나 때로 처참하게 만드는 이유까지도 그래서 다시 따져보아야 한다. 영화가 뿌리친다고 사라질 정치사상이 아니다. 정치사상이 밀친다고 멀리 있기만 할 영화도 아니다.

• 참고문헌

단행본

드릴로, 돈 지음. 조형준 옮김. 『코스모폴리스 : 21세기 새로운 개츠비의 탄생』(서울 : 새물결, 2013).

라우드, 리처드 지음. 한상준 옮김. 『장 뤽 고다르 : 소비사회의 영화와 이데올로기』(서울 : 예니, 1991).

레비, 프리모 지음. 이소영 옮김. 『가라 앉은 자와 구조된 자 : 아우슈비츠 생존 작가 프리모 레비가 인생 최후에 남긴 유서』(파주 : 돌베게, 2014).

마이어, 밀턴 지음. 박중서 옮김. 『그들은 자신들이 자유롭다고 생각했다』(서울 : 갈라파고스, 2014).

박종성. 『씨네 폴리틱스 : 영화는 다 정치적이다』(고양 : 인간사랑, 2008).

박종성. 『한국정치와 정치폭력 : 해방 후 권력과 민중의 충돌』(서울 : 서울대학교 출판부, 2001).

세라트, 이본 지음. 김민수 옮김. 『히틀러의 철학자들 : 철학은 어떻게 정치의 도구로 변질되는가?』(서울 : 여름언덕, 2014).

아렌트, 한나 지음. 김선욱 옮김. 『예루살렘의 아이히만』(고양 : 한길사, 2014).

아렌트, 한나 지음. 홍원표 옮김. 『어두운 시대의 사람들』(고양 : 인간사랑, 2010).

욘손, 스테판 지음. 양진비 옮김. 『대중의 역사 : 세 번의 혁명 1789, 1889, 1989』(서울 : 그린비, 2013).

워스키, 제리 지음. 김명진 옮김. 『과학 좌파』(서울 : 이매진, 2014).

이순아·이용주 엮음. 『장 뤽 고다르의 영화세계』(서울 : 성신여자대학교 출판부, 2011).

하먼, 크리스 지음. 한성근 옮김. 『21세기의 혁명』(서울 : 책갈피, 2011).

Arendt, Hannah. *On Violence* (New York : Harcourt, Brace & World, 1970).

Arendt, Hannah. *The Human Condition* (Chicago, IL.: University of Chicago Press, 1958).

Bauman, Zygmunt. *Liquid Modernity* (Cambridge : Polity, 2000).

Bauman, Zygmunt, and Carlo Bordoni. *State of Crisis* (Cambridge : Polity Press, 2014).

Berko, Anat. *The Smarter Bomb : Women and Children as Suicide Bombers* [fw. by Daniel Pipes] (Lanham, ML.: Rowman & Littlefield Publishers, 2012).

Brody, Richard. *Everything Is Cinema : The Working Life of Jean-Luc Godard* (New York : Henry Holt & Co., 2008).

Colletti, Lucio. *From Rousseau To Lenin : Studies in Ideology and Society* (New York : Monthly Review Press, 1972).

Corrigan, Timothy. *New German Film : The Displaced Image* (Bloomington, IN.: Indiana University Press, 1994).

Crouch, Colin. *The Strange Non-Death of Neoliberalism* (Cambridge : Polity Press, 2013).

Godard, Jean–Luc. *Godard On Godard* [ed. & tr. by Tom Milne](New York : Da Capo Press, 1986).

Goldstone, Jack A. *Revolutions : A Very Short Introduction* (Oxford : Oxford University Press, 2014).

Katz, Mark N. ed. *Revolution : International Dimensions* (Washington D.C.: CQ Press, 2000).

Hafez, Mohammed. *Manufacturing Human Bombs : The Making of Palestinian Suicide Bombers* (Washington DC.: United States Institute of Peace, 2006).

Hafez, Mohammed. *Suicide Bombers in Iraq : The Strategy and Ideology of Martyrdom* (Washington DC.: United States Institute of Peace, 2007).

Hehr, Renate. *Margarethe von Trotta : Filmmaking as Liberation* (Stuttgart :

Ed. Axel Menges, 2000).

Henry, Michael. *From Communism To Capitalism : Theory of A Catastrophe* [tr., by Scott Davidson] (London : Bloomsbury, 2014).

Huntington, Samuel P. *The Clash of Civilizations and the Remaking of World Order* (New York : Simon & Schuster, 2011).

Kramnick, Isaac, and Frederick M. Watkins. *Age of Ideology : Political Thought, 1750 to the Present* (Englewood Cliffs, NJ.: Prentice—Hall, 1964).

Larrain, Jorge, and Tom Bottomore. *The Concept of Ideology* (Athens, GA.: University of Georgia Press, 1979).

Lasswell, Harold D. *Power and Personality* (New York : Norton Library, 1976).

Machtans, Karolin, and Martin A. Ruehl, eds. *Hitler - Films from Germany : History, Cinema and Politics Since 1945* (New York : Palgrave Macmillan, 2012).

Moore, Jr., Barrington. *Social Origins of Dictatorship and Democracy : Lord and Peasant in the Making of the Modern World* [with a new fw. by Edward Friedman and James C. Scott] (Boston, MA.: Beacon Press, 1993).

Pietropaolo, Laura, and Ada Testaferri. eds. *Feminisms in the Cinema* (Bloomington, IN.: Indiana University Press, 1995).

Piketty, Thomas. *Capital in the Twenty-First Century* [tr. by Arthur Goldhammer] (Cambridge, MA.: The Belknap Press of Harvard University Press, 2014).

Pocock, John Greville Agard. *The Machiavellian Moment : Florentine Political Thought and the Atlantic Republican Tradition* (Princeton, N.J.: Princeton University Press, 2003).

Razzaque, Russell. *Human Being to Human Bomb : The Conveyor Belt of Terror* (London : Icon Books, 2008).

Sarris, Andrew. *Movies and Morals* (Chicago, IL.: Thomas More Association,

1972).

Sarris, Andrew. *Politics and Cinema* (New York : Columbia University Press, 1978).

Shapiro, Michael J. *Cinematic Geopolitics* (London : Routledge, 2009).

Shapiro, Michael J. *Cinematic Political Thought : Narrating Race, Nation, and Gender* (New York : New York University Press, 1999).

Shapiro, Michael J. *Deforming American Political Thought : Ethnicity, Facticity, and Genre* (Lexington, KT.: The University Press of Kentucky, 2006).

Shapiro, Michael J. *Discourse, Culture, Violence* [ed. by Terrell Carver, Samuel A. Chambers] (London : Routledge, 2012).

Shapiro, Michael J. *Methods and Nations : Cultural Governance and the Indigenous Subject* (London : Routledge, 2004).

Shapiro, Michael J. *Studies in Trans-Disciplinary Method : After the Aesthetic Turn* (London : Routledge, 2013).

Shapiro, Michael J. *The Time of the City : Politics, Philosophy and Genre* (London : Routledge, 2010).

Shapiro, Michael J. *Violent Cartographies : Mapping Cultures of War* (Minneapolis, MN.: The University of Minnesota Press, 1997).

Strauss, Leo. *What Is Political Philosophy ? and Other Studies* (Chicago, IL.: University of Chicago Press, 1959).

Wilcox, Lauren B. *Bodies of Violence : Theorizing Embodied Subjects in International Relations* (Oxford : Oxford University Press, 2015).

Witt, Michael. *Jean-Luc Godard, Cinema Historian* (Bloomington, IN.: Indiana University Press, 2013).

Zuckert, Michael P., and Catherine H. Zuckert. *Leo Strauss and the Problem of Political Philosophy* (Chicago, IL.: University Of Chicago Press, 2014).

논문

김선아. "청년세대영화의 정치적 상상력," 국제한국문학문화학회(편), 「사이」 제9호 (2010), pp. 105−135.

김선욱. "한나 아렌트에 있어서 말과 판단의 보편성 문제 :『예루살렘의 아이히만』을 중심으로," 대한철학회(편), 「철학연구」 제99집(2006), pp. 59−78.

민진영. "장−뤽 고다르의 〈필름 소셜리즘*Film Socialisme*〉에 나타난 정치성," 한국영상문화학회(편), 「영상문화」 제22집(2013), pp. 63−87.

손주영. "급진주의 지하드관의 형성과 발전," 한국이슬람학회(편), 「한국이슬람학회논총」 제16집 1호(2006), pp. 27−57.

이호걸. "1960년대 전반기 한국영화에서의 폭력과 정치," 서강대학교 인문과학연구소(편), 「서강인문논총」 제38호(2013), pp. 205−251.

이호걸. "사회주의와 눈물 : 프로문예의 서사와 신파성," 성균관대학교 대동문화연구원(편), 「대동문화연구」 제64호(2008), pp. 119−151.

이호걸. "파시즘과 눈물 : 1960−70년대 한국영화에서의 신파적 눈물과 정치," 한국영화학회(편), 「영화연구」 제45호(2010), pp. 343−384.

임영신. "9·11 테러 사건의 발생 요인 : 오사마 빈 라덴의 개인적 차원에서," 경희대학교대학원(편), 「고황논집」 제31호(2002), pp. 149−174.

전평국. "현대영화 제 이론의 발달과 변천 : 정치와 철학적 관점에서," 한국영화학회(편), 「영화연구」 제15호(1999), pp. 11−39.

조윤오. "자살폭탄 테러범의 특성 및 동기에 대한 심리학적 고찰," 한국경찰학회(편), 「한국경찰학회보」 제40호(2013), pp. 135−159.

Friedman, Edward. "Development, Revolution, Democracy, and Dictatorship : China Versus India ?," Theda Skocpol, ed., *Democracy, Revolution, & History* (Ithaca, N.Y.: Cornell University Press, 1998), pp. 102−123.

Green, P. "Shapiro, *Cinematic Political Thought : Narrating Race, Nation and Gender*," *Political Theory*, Vol. 29 No. 4 (2001), pp. 608−611.

Lisle, D. "Review Essay : Michael Shapiro, *Cinematic Political Thought :*

Narrating Race, Nation and Gender," *International Feminist Journal of Politics*, Vol. 5 No. 1 (2003), pp. 134–141.

Ross, George, Theda Skocpol, Tony Smith, and Judith Eisenberg Vichniac. "Barrington Moore's *Social Origins* and Beyond : Historical Social Analysis Since the 1960s," Theda Skocpol, ed., *Democracy, Revolution, & History* (Ithaca, NY.: Cornell University Press, 1998), pp. 1–21.

Seery, J. "Shapiro, Michael J. *Cinematic Political Thought : Narrating Race, Nation, and Gender*," *The American Political Science Review*, Vol. 96 No.1 (2002), p. 194.

Willemen, Paul. "The National Revisited," Valentina Vitali and Paul Willemen. eds. *Theorising National Cinema* (London : British Film Institute, 2006), pp. 29–43.

학위논문

정민주. "1990년대 중동의 반미 테러 연구 : 1993년 세계무역센터 폭탄 테러와 1998년 케냐–탄자니아 주재 미 대사관 폭탄 테러," 서울대학교 대학원 외교학과 석사학위논문 (2010).

Bonifazio, Paola. "Narrating Modernization : Documentary Films in Cold War Italy (1948–1955)," New York University Italian Studies, Ph.D. Dissertation (2008).

Malitsky, Joshua. "Post–Revolution Non–Fiction Film : Building the Soviet and Cuban Nations," Northwestern University, Ph.D. Dissertation (2005).

인터넷

http://benlowy.com/#/editorial/iraq/kurdistan/Kurdistan_WebEdit_016

http://blog.naver.com/chanwoolee/220283217934

http://blog.naver.com/poakje009/220138485979

http://blog.naver.com/satan_tango?Redirect=Log&logNo=110165259161

http://chosun.com/premium/news/200408/200408030035.html

http://en.wikipedia.org/wiki/David_Cronenberg

http://news.chosun.com/site/data/html_dir/2014/08/22/2014082204015.html

http://noproblemmylife.tistory.com/352

http://swl.jinbo.net/bbs/zboard.php?id=data&page=7&sn1=&divpage=1&sn=off&ss=on&sc=on&select_arrange=reg_date&desc=desc&no=1137

http://swl.jinbo.net/bbs/zboard.php?id=data&page=7&sn1=&divpage=1&sn=off&ss=on&sc=on&select_arrange=reg_date&desc=desc&no=1137

https://uk.images.search.yahoo.com/images/view;_ylt=A2KLdTHAtBVVdhwA1S1NBQx.;_ylu=X3oDMTIzNnBlOGZvBHNlYwNzcgRzbGsDaW1nBG9pZANmNmI1ODJiYjRmNGE5MWIyZmQxZjQ0N2Y1YTNhYmM5NARncG9zAzEyBGl0A2Jpbmc—?.origin=&back=https%3A%2F%2Fuk.images.search.yahoo.com%2Fsearch%2Fimages%3F_adv_prop%3Dimage%26va%3Dsuicide%2Bbomb%26fr%3Dyfp—t—699%26tab%3Dorganic%26ri%3D12&w=478&h=1032&imgurl=img2.wikia.nocookie.net%2F__cb20111205013533%2Fcallofduty%2Fimages%2Ff%2Ff6%2FSuicidebomber.png&rurl=http%3A%2F%2Fcallofduty.wikia.com%2Fwiki%2FSuicide_Bomber&size=566.3KB&name=%3Cb%3ESuicide%3C%2Fb%3E+%3Cb%3EBomber%3C%2Fb%3E+armed+with+an+USAS+12+in+Call+of+Duty%3A+Modern+Warfare+...&p=suicide+bomb&oid=f6b582bb4f4a91b2fd1f447f5a3abc94&fr2=&fr=yfp—

t-699&tt=%3Cb%3ESuicide%3C%2Fb%3E+%3Cb%3EBomber%3C%2Fb%3E+armed+with+an+USAS+12+in+Call+of+Duty%3A+Modern+Warfare+...&b=0&ni=72&no=12&ts=&tab=organic&sigr=11fghuu0i&sigb=13f9vte7c&sigi=12jtimjhb&sigt=12mkn130l&sign=12mkn130l&.crumb=YOkE/ew.9fa&fr=yfp-t-699

http://www.documentingreality.com/forum/attachments/f10/97728d1255107555-suicide-bombing-american-humvee-irak-ogrish29.jpg.

http://www.hani.co.kr/arti/culture/religion/641336.html

http://www.hani.co.kr/arti/international/europe/674434.html?_fr=mt1

http://www.hankookilbo.com/v/74ec2d55afdf4de3b48f98482e0a7a26

http://www.hannaharendtcenter.org/?p=12071

http://www.newyorker.com/wp-content/uploads/2013/05/double-take-arendt.jpg

• 찾아보기

박종성朴鍾晟

서원대학교에서 일한다. 『혁명의 이론사』(1991)
쓸 때만 해도 그 공부만 할 줄 알았다. 혁명가는 쓰러져도 그가
빠져들던 믿음의 불꽃만큼은 오래갈 것 같아 붙잡은 게 『박헌영론』
(1992)이라면 『왕조의 정치변동』(1995)과 『강점기 조선의 정치질서』
(1997), 『한국정치와 정치폭력』(2001)은 이성계부터 김대중까지 이어
진 육백년 곡절 3부작이다. 사회혁명 한번 없던 나라지만, 단서
만큼은 또렷하여 『정치는 파벌을 낳고 파벌은 정치를 배반한다』
(1992)와 『인맥으로 본 한국정치』(1997)를 쓰고 『한국의 파벌정치』
(2012)로 판을 키운다.
허구한 날, 되도 않는 국가 걱정이나 하며 헛기침해대도 '몸' 파는
여인의 '몸' 하나 구원하지 못하는 옛날 정치학이 버거워 덤벼든 게
『한국의 매춘』(1994)과 『권력과 매춘』(1996)이었으나 짜증난
학생들을 위해 영화와 문학을 강의실로 끌어 들인다. 『정치와 영화』
(1999)를 쓰고 『포르노는 없다』(2003)와 『문학과 정치』(2004)를
출간하는 사이, 세기는 바뀌지만 정치를 들여다 볼 인식의 창은
널려 있었다. 『한국 성인만화의 정치학』(2007)도 그 틈새에서 찾은
'오목렌즈'다.
그러거나 말거나 역사는 늘 어쩌지 못할 '거울'이었다. 유가의 논리로만
왕조국가를 보는 게 못마땅한 『조선은 법가의 나라였는가』(2007)가
그러하고 『백정과 기생』(2003) 역시 마찬가지다. 『씨네 폴리틱스』
(2008) 또한 정치영화의 역사성을 천착한 경우지만 밖에서 들여다보는
안이 더 환하여 그 기운으로 『패션과 권력』(2010)을 쓴다.
공부의 빈틈이라 여기며 『사랑하다 죽다』(2012)와 『퇴폐에 대하여』
(2013)를 내고 『형벌을 그리다』(2015)로 메워도 보았으나
세상이 어쩌리라곤 꿈조차 안 꾼다.
이번에도 마찬가지다. 이제 뭘 쓸는지는 그도 잘 모른다.

영화가 뿌리친 정치사상

발행일 1쇄 2015년 10월 30일
지은이 박종성
펴낸이 여국동

펴낸곳 도서출판 인간사랑
출판등록 1983. 1. 26. 제일－3호
주소 경기도 고양시 일산동구 백석로 108번길 60－5 2층
물류센타 경기도 고양시 일산동구 문원길 13－34(문봉동)
전화 031)901－8144(대표) | 031)907－2003(영업부)
팩스 031)905－5815
전자우편 igsr@naver.com
페이스북 http://www.facebook.com/igsrpub
블로그 http://blog.naver.com/igsr
인쇄 인성인쇄 **출력** 현대미디어 **종이** 세원지업사

ISBN 978－89－7418－337－0 93340

* 책값은 뒤표지에 있습니다. * 잘못된 책은 바꿔드립니다.

이 도서의 국립중앙도서관 출판예정도서목록(CIP)은 서지정보유통지원시스템 홈페이지(http://seoji.nl.go.kr)와 국가자료공동목록시스템(http://www.nl.go.kr/kolisnet)에서 이용하실 수 있습니다.(CIP제어번호: CIP2015028297)